ÉMILE BOUTMY

Membre de l'Institut

Le Développement

de la

Constitution

et de la Société politique

en Angleterre

HUITIÈME ÉDITION

Librairie Armand Colin

103, Boulevard Saint-Michel, PARIS

Le Développement

de la

Constitution

et de la Société politique

en Angleterre

ÉMILE BOUTMY

Membre de l'Institut

Le Développement

de la

Constitution

et de la Société politique

en Angleterre

HUITIÈME ÉDITION

Librairie Armand Colin

103, Boulevard Saint-Michel, PARIS

1930

PREMIÈRE PARTIE

L'ANGLETERRE
DU ONZIÈME AU SEIZIÈME SIÈCLE.

AVANT-PROPOS

Plusieurs publications ont jeté récemment un jour nouveau sur les origines et le premier développement des institutions politiques en Angleterre. La lumière faite par M. Guizot sur une partie du sujet n'a point pâli. On n'a pas vu plus juste que le grand historien, on a vu plus loin et plus profondément; on a eu une perspective plus large de l'ensemble et une maîtrise plus complète des détails. Je voudrais marquer pour le public français les principales inductions que les recherches contemporaines ont dégagées avec plus de relief ou confirmées par de nouveaux documents.

L'Angleterre politique moderne s'est constituée dans ses éléments essentiels du onzième siècle au quatorzième siècle. Le caractère et les rapports mutuels de ces éléments ont achevé de se fixer à l'époque des Tudors. Il y a eu là comme la croissance parfaitement continue d'un corps vigoureux jusqu'à la consolidation anatomique qui est le signe de l'âge adulte. Les phases de cette première évolution, comparées à l'évolution correspondante en France, offrent plus d'une leçon utile à recueillir.

Les auteurs dont les recherches ont renouvelé cette partie de l'histoire et ses antécédents ont eu la vue directe des documents de première main, le contact

et la sensation d'une infinité de textes
originaux. Cela ne se remplace pas. Le
penseur politique, qui puise plus bas
dans le courant formé par les sources
mêmes qu'ils ont captées, doit être très-
circonspect dans ses dissentiments et très-
réservé dans ses objections. Toutefois les
érudits ont comme les autres leurs passions et leurs préjugés, politiques ou
nationaux, sans compter un penchant
spécial à délaisser la solide et large chaus-
sée historique de leurs devanciers pour le
sentier plus étroit qu'ils ont ouvert de
leurs mains et où ils ont commencé par
marcher seuls ou en petit nombre. Les
observateurs qui n'ont pas les mêmes
raisons personnelles de préférence, ne
trouvent pas toujours dans les raisons
générales de quoi justifier ce changement
de voie. Freeman, par exemple, se plaît à
faire remonter le plus haut possible dans
le passé les origines de la monarchie

quasi républicaine qui est son idéal politique[1]. Gneist rapporte volontiers à une source germanique tout ce qui se présente avec un caractère d'excellence. Augustin Thierry avait exagéré la profondeur et la durée de la séparation entre les conquérants et les vaincus; il avait surfait en conséquence l'influence normande. Freeman et Gneist ne s'écartent pas moins de la ligne moyenne dans le sens opposé. Tous deux font entendre que la nation anglaise moderne n'est que la nation anglo-saxonne qui a retrouvé ses titres; ils estiment que le gouvernement libre dont nous pouvons suivre l'évolution dans une période plus pleinement historique a non-seulement sa vague origine, mais son type plus ou moins arrêté dans la période antérieure à la conquête normande, et que ce type se montrait déjà en

[1] FREEMAN, *Développement de la constitution anglaise* (ch. III).

traits grossiers et rares, mais fermes et distincts, au sein des vieilles communautés germaniques.

L'imagination se plaît à ces perspectives qui creusent et reculent l'horizon devant elle. Je n'ai garde de les dédaigner. L'état de la société, à une époque très-ancienne, peut être d'un grand enseignement politique quand on y cherche seulement des traits généraux de mœurs et de caractère, et, pour ainsi dire, les premiers plis nettement marqués du naturel national. Ces sortes d'investigations prêtent, au contraire, aux plus fâcheuses méprises quand on essaye de retrouver si loin de soi le détail d'institutions définies, d'en saisir l'opération régulière, et de faire voir comment les institutions postérieures en sont issues par voie d'élimination, d'addition ou de perfectionnement [1]. Stubbs

[1] V. à ce sujet DICEY, *The law of the Constitution*, p. 12 à 18.

montre très-bien que les peuplades germaniques dépeintes par César et Tacite à
cent cinquante ans de distance étaient
dans une sorte d'état inorganique, et qu'il
n'y a rien à conclure des formes politiques
encore indécises que ces excellents observateurs n'ont pu que saisir en un point
de leur incessante mobilité[1]. Ce sont des
nuées flottantes, qui, de loin et par le
contour, peuvent ressembler à des montagnes. Il ne faut pas les prendre pour
des montagnes. Stubbs confesse que les
résultats fournis par l'érudition sont très-
« indistincts », que même les témoignages
du neuvième siècle sur les Saxons, dans
leur pays d'origine, sont vagues et
obscurs; que des Angles, Danois ou
Normands, au moment de l'invasion, « on
ne sait rien ». Ses aveux d'ignorance ou
d'incertitude sont moins formels en ce

____

[1] Stubbs, I, ch. ii ; *ibid.*, ch. iii, ch. vi.

qui concerne l'établissement anglo-saxon ; il reconnaît cependant « qu'il n'y a pas de sujet sur lequel on ait moins d'informations » que l'administration du revenu public avant la conquête. Quant aux institutions sur lesquelles il se flatte d'être plus éclairé, ce qu'il dit lui-même des institutions similaires qui existaient à la même époque dans d'autres pays ôte aux premières le caractère et la valeur d'une invention originale et locale[1]. Ce sont, pour la plupart, des commencements d'organisation qui répondent à un certain degré de civilisation et à un certain état social ; les mêmes influences de milieu les ont appelés au jour presque en même temps dans presque tous les pays de l'Europe. Les différences capitales qui se sont accusées postérieurement dans la con-

---

[1] STUBBS, I, 208. Pareillement, Stubbs rapporte à des modèles carolingiens plusieurs des établissements administratifs de Henri II, le *scutage*, l'*assize of arms*, l'*inquest of sheriffs*, etc. (STUBBS, I, 441, 591, 613.)

stitution politique des États restent donc à expliquer par des causes plus récentes.

Freeman a dû singulièrement aventurer ses inductions et forcer les analogies pour établir non pas seulement le lien d'une tradition, mais une sorte d'identité entre le witenagemot anglo-saxon et la chambre des lords actuelle [1] ; et Stubbs lui-même paraît s'être trop complu à considérer la cour de comté, institution d'avant la conquête, comme l'œuf vivant d'où est sortie spontanément la représentation parlementaire. Witenagemot et cour de comté languissaient et se mouraient au onzième siècle, et les institutions correspondantes qui paraissent après 1066 diffèrent par tant de points de leurs prétendus originaux, qu'on peut les considérer comme des créations nouvelles. Elles doivent

[1] « La chambre des lords, dit-il, représente ou plutôt est bien l'ancien witenagemot lui-même. » (*The Growth of the English constitution*, ch. II, p. 91.)

évidemment beaucoup plus au grand événement qui vient de s'accomplir qu'à l'édifice ruiné dont elles ont utilisé plus ou moins la distribution et les matériaux.

En résumé, et pour en finir avec cette question de méthode, les causes d'une constitution politique ont leur siége, ou très-loin de nous, ou beaucoup plus près qu'il n'a paru aux auteurs dont je critique la thèse. Ce qu'il faut aller étudier dans un passé très-reculé, ce sont les dispositions originelles et profondes, et, en quelque sorte, les premières pentes du caractère national ; elles s'y laissent d'autant mieux voir que les accidents historiques n'ont pas encore labouré et bouleversé le terrain ; elles expliquent la direction générale et mesurent la force du courant qui met en mouvement les mécanismes politiques. Quant aux mécanismes eux-mêmes, leur genèse et leurs transformations procèdent presque toujours de causes plus spéciales et plus pratiques, plus prochaines et plus contingentes. Je crois, pour mon compte, que l'organisation constitutionnelle et parlementaire, dont nos voisins ont donné au monde le premier et mémorable exemplaire, a des sources historiques plutôt que proprement ethniques; elle est sortie des nécessités créées par les circonstances, et principalement par un grand événement fortuit, plutôt qu'elle n'est le legs transmis et accru régulièrement d'une génération à l'autre depuis l'époque de la conquête saxonne. On veut trop voir, à mon sens, dans la nation anglaise moderne une *race* qui, après la crise passagère de 1066, s'est ressaisie en quelque sorte, a repris possession d'elle-même et de son génie, et a retrouvé la voie d'où une violente secousse l'avait fait sortir. On la jugerait mieux en la considérant simplement comme une *société politique* qui, tombée au onzième siècle dans un état de désorganisation où s'éteignaient toutes ses forces vives, a rencontré à propos l'épreuve d'une grande révolution militaire, économique et administrative, et a reçu, moins encore de l'événement lui-même que de la pression lentement appesantie de ses conséquences, moins encore des génies propres à chacune des races composantes que des conditions physiques et morales où le corps entier de la nation s'est trouvé placé, la consistance et la forme qu'elle a gardées substantiellement jusqu'à nos jours.

I

LA MONARCHIE ADMINISTRATIVE
ET LES GRANDS VASSAUX.
LA GRANDE CHARTE.

C'est en 1066 que se dessine et s'accuse la pente sur laquelle s'est déroulée
toute l'histoire des institutions politiques
anglaises. A la suite et par l'effet de l'invasion, la royauté et la féodalité se trouvent dans des conditions tout autres en
Angleterre qu'en France ou en Allemagne. Les forces que déploient les deux
pouvoirs, leur ordre, et, pour ainsi dire,
leur front de bataille pour l'attaque et
pour la défense, les alliances qu'ils recher-

chent, les prétentions qu'ils élèvent et les droits qu'ils font prévaloir diffèrent sensiblement d'un côté à l'autre de la Manche. De cette situation exceptionnelle sont sorties des conséquences exceptionnelles. Les institutions du moyen âge, profondément modifiées par le fait de la conquête, ont en quelque sorte engendré d'elles-mêmes l'unité nationale, la notion de l'État, l'égalité devant l'impôt et la loi, le *self-government,* la liberté politique et ses organes, à une date où aucun des autres peuples européens n'avait même le pressentiment de ces grandes choses.

Étudions de près et comparons l'Angleterre et la France du onzième siècle. Sur le continent, la féodalité procède en partie du défaut de proportion entre l'immensité de la monarchie carolingienne et les faibles moyens d'action administrative de la royauté sur une société encore barbare. Elle s'est produite par une désagrégation progressive de l'Empire, puis des royaumes encore trop grands de France et d'Allemagne. De leurs débris sont sortis un grand nombre de petits États entre lesquels s'est formée une fédération d'un lien assez lâche, sous la présidence nominale de l'un d'eux. Au onzième siècle, la royauté française, pauvre en domaines et continuant à se dépouiller elle-même, disparaît presque au milieu de la féodalité, qui va montant et se consolidant autour d'elle. Sa souveraineté, qu'elle exerce encore quelquefois avec une énergie circonspecte, se dissout rapidement en suzeraineté. La dynastie qui a usurpé le trône à la faveur de l'indifférence des grands vassaux, n'est plus, en fait, que *prima inter pares*. Elle garde et laisse voir par moments la hauteur de ses prétentions; mais elle n'engagera nettement la lutte que deux siècles après la révolution de

987; elle attend d'avoir la *force* avec le *droit*. Jusque-là, elle évitera de s'exposer à des contestations où elle n'aurait sûrement pas l'avantage . et d'amoindrir par des échecs le titre supérieur qu'elle tient en réserve pour l'avenir.

Rien de pareil ne se rencontre dans l'Angleterre de 1066. Du fait de la conquête, la conception germanique du chef d'armée au milieu de ses compagnons d'armes, et même quelque chose de comparable à la conception romaine du prince en face de ses sujets, ont reparu plus ou moins à côté de la conception du suzerain et de ses barons territoriaux. L'aire du pays soumis aux Normands est bien à la mesure des capacités administratives d'un gouvernement du onzième siècle. Quatre fois et demie moins grand que la France actuelle, — car il ne comprend pas le pays de Galles, et ne s'étendra qu'assez tard sur les trois comtés du Nord, — le territoire du royaume ne dépasse pas dans sa plus grande longueur (de Londres à Newcastle) la distance de Paris à la Rochelle. La féodalité qui se développe dans cet espace est le résultat, non d'une lente et naturelle décomposition de l'État ou d'une suite de dépossessions subies par un souverain trop faible [1], mais d'un partage accompli par la volonté et sous le contrôle d'un prince victorieux, qui est et entend rester le plus fort. La manière dont s'opère la distribution des fiefs entre les compagnons du conquérant est significative. En France, les grands fiefs, issus des gouvernements auxquels les ducs, les comtes, les margraves avaient été préposés par les premiers Carolingiens, étaient des provinces d'un seul tenant. En Angle-

---

[1] Buckle fait observer qu'en France les grands nobles possédaient leurs domaines, non à titre de don, mais par prescription. II, p. 311. — V. aussi HALLAM, *l'Europe au moyen âge*, III, p. 58.

terre, le Roi, plus avisé, gratifie ses principaux vassaux de domaines disséminés
dans toutes les parties du territoire. Le
mieux partagé avait sept cent quatre-vingt-
treize manoirs, répartis dans vingt comtés.
Quarante autres, la tête du baronnage,
avaient des manoirs dans six, douze, dix-
sept et jusqu'à vingt et un comtés. Il
paraît constant qu'aucune des juridictions
seigneuriales, sauf celles des comtes palatins, ne s'étendait sur tout un comté, et
que le plus grand nombre ne dépassait
pas les limites d'une centurie (*hundred*),
en moyenne un canton français d'à présent[1].

Voilà qui donne bien l'image de cette
féodalité parcellaire. La plupart des grands
vassaux ne pouvaient donc réunir une
troupe un peu importante sans adresser
des appels difficilement entendus dans

---

[1] GNEIST, I, 112

toutes les régions de l'Angleterre, et les forces dont ils disposaient dans chaque comté étaient très-inférieures à celles de l'officier royal, vicomte ou shérif, sous les ordres duquel se rassemblaient tous les petits vassaux de la couronne. Ajoutez que de ces possessions dispersées, plusieurs ne pouvaient manquer d'être à la portée et comme sous la main du Roi; il avait le moyen d'atteindre par là les barons d'humeur turbulente. Le grand nombre de leurs fiefs ne faisait que les rendre plus largement et plus aisément vulnérables.

On se tromperait donc gravement sur la condition de droit et de fait des grands vassaux normands en Angleterre, si l'on en jugeait d'après la condition des grands feudataires français à la même époque. De tous les membres du haut baronnage anglo-normand, les plus élevés en dignité étaient alors les comtes. Or il serait tout à fait inexact de les concevoir soit comme les gouverneurs pour le Roi, soit comme les seigneurs dominants de tout le territoire d'un comté. D'abord, il y avait beaucoup de comtés anglais sans comte[1], puis tous les comtes ne portaient pas nécessairement le nom d'un comté; ils portaient fréquemment le nom d'une ville, ou simplement leur nom de famille[2]: la différence n'est pas sans signification. Le gros de leurs domaines était ordinairement situé dans la région d'où ils tiraient leur titre, mais il y a de très-bonne heure des exemples du contraire[3]; dans cette région,

---

[1] Le Conquérant paraît n'avoir créé que trois comtes anglais ; un texte de Henri Ier n'en mentionne pas plus de cinq. (STUBBS, I, 362.)

[2] GNEIST, I, 171.

[3] Les documents nous montrent les domaines de Simon de Montfort disséminés dans les comtés de Leicester, de Northampton, de Suffolk, de Berks. C'est dans le premier de ces comtés qu'il possédait le moins de terres. Le tout formait ce qu'on appelait l'*honneur* de Leicester; le titre de comte y était attaché. (V. BÉMONT, *Simon de Montfort*, p. 55.) — Trois siècles plus tard, au quinzième

d'ailleurs, ils n'exerçaient à aucun degré les pouvoirs de gouvernement[1]. Il n'y a guère d'exception[2] que pour les comtes palatins de Chester et de Durham, qui, chargés de la défense du nouvel établissement politique contre les Gallois et contre les Écossais, possédaient sur le territoire de leurs comtés les droits régaliens les plus étendus. Quant aux autres, leur titre était seulement une marque d'honneur et une occasion de profit. Ordinairement, ils portaient l'épée du comté et avaient droit au tiers des revenus judiciaires perçus par le shérif ou vicomte; c'était le plus clair de leurs rapports avec une circonscription administrative déterminée. Encore cet avantage n'était-il pas

siècle, le comte d'Oxford avait la majorité de ses possessions en Essex, le comte de Norfolk en Surrey. (STUBBS, III, p. 528.)

[1] STUBBS, *ibid*.

[2] Les comtés *quasi palatins* de Salop et de Kent ne tardèrent pas à être repris par la couronne.

accordé à tous, ni même toujours héréditaire[1]. En somme, les grands vassaux anglais ressemblaient à des seigneurs fonciers, non à des barons territoriaux. Ils étaient souvent de fort puissants personnages ; ils n'étaient à aucun degré des souverains. La base de la souveraineté, le petit état d'un seul tenant, leur manquait ; le titre de la souveraineté, une délégation originaire, réelle ou fictive, des principaux attributs de l'autorité royale, leur manquait également. Le simple fait qu'il ait été possible au roi Étienne de créer des comtes sans terres, pensionnés sur le trésor royal et pourvus d'espèces de sénatoreries pécuniaires, marque l'énorme différence qui existait au commencement du douzième siècle entre le haut baronnage anglais et nos grands feudataires. Le premier continuait à tenir

[1] Premier dialogue de l'échiquier, I, 17.

de très-près à ce qu'on a appelé le *comitatus*, c'est-à-dire le groupe de fidèles que le Roi récompensait par des libéralités mobilières et immobilières, viagères ou perpétuelles. Le lien personnel y dominait encore [1] à une époque où la féodalité française se présentait sous la forme entièrement dégagée et développée d'une hiérarchie territoriale composée de dynastes locaux, maîtres et presque rois dans leurs fiefs.

En face de ce baronnage, si inférieur en prestige et en ressources à celui de France et d'Allemagne, se trouvait une royauté singulièrement plus puissante et mieux armée que celles du continent. La disproportion des forces était énorme d'un comte de Warenne ou d'Hereford au roi d'Angleterre, duc de Normandie, et, moins d'un siècle après, comte d'Anjou,

---

[1] *Comites sibi creat*, dit encore le *Dialogue de l'échiquier. Ibid.*

du Maine, de la Touraine, suzerain de la
Bretagne, maître de l'Aquitaine. L'écart
était presque nul d'un comte de Flandre
ou de Toulouse à Louis VI, possesseur
sans cesse inquiété d'un mince territoire,
que Suger louait fort de s'être fait craindre jusqu'au fond du Berry. Dans l'Angleterre proprement dite, la couronne avait
pris tout d'abord une position dont la
force paraît par plus d'un indice. On sait
que Guillaume Ier tenait dans son domaine
toutes les grandes villes du royaume, sauf
celles des comtés palatins[1]. Il avait pu
faire exécuter sans obstacle, sur tout le
territoire, le cadastre des propriétés foncières, et asseoir l'impôt sur une base
certaine. Il avait exigé non-seulement de
ses vassaux, mais des vassaux de ses
vassaux, un serment direct de fidélité à sa

[1] Il est remarquable que, sur quinze cents chartes de
villes qui nous ont été conservées, il n'y en ait que qua-
rante-neuf émanant des barons. (GNEIST, I, 153.)

personne. Par là il avait renoué à travers la hiérarchie féodale le lien immédiat d'obéissance du sujet envers la couronne. Les droits de garde et de mariage qu'il exerçait sur les fiefs de ses barons étaient plus rigoureux que dans tous les autres pays de régime féodal. Il avait multiplié les forêts jusqu'à l'abus [1] et s'était réservé la juridiction sur tous les lieux de chasse situés ou non sur ses domaines. Sa fiscalité était vexatoire; celle de ses premiers successeurs fut intolérable [2]. Leurs barons

[1] STUBBS, I, ch. XI.

[2] Deux faits rendent particulièrement sensible l'intensité du pouvoir royal en Angleterre. Premièrement, les guerres privées, que les rois de France prennent la peine de réglementer et se résignent à permettre conditionnellement jusqu'en 1330 et en 1353, disparaissent de bonne heure de l'autre côté du détroit. Les grands vassaux observent entre eux la paix du Roi. Ils ne prennent guère les armes que contre le Roi lui-même, quand ils sont vexés et opprimés ou quand ils aspirent à changer la dynastie. Secondement, à aucun sujet en Angleterre n'a jamais été accordé le droit de frapper monnaie à une autre effigie que celle du souverain ; au contraire, les monnaies seigneuriales se maintiennent en France jusqu'au seuil des temps modernes.

se révoltaient, se faisaient battre; leurs biens, confisqués, passaient à d'autres. Aucun de ces actes extrêmes d'autorité ne s'était vu en France depuis les premiers Carolingiens et n'aurait pu y être tenté par les rois, même beaucoup plus tard. Au milieu du treizième siècle, on y trouve en pleine vigueur la distinction des pays d'*obéissance le roi* et de *non-obéissance le roi* : ceux-ci, où le Roi était sans pouvoir effectif, comprenant tous les domaines des grands feudataires, presque les deux tiers de la France actuelle.

Cette royauté anglaise si puissante avait eu de bonne heure à sa disposition un appareil administratif assez perfectionné, dont il n'existait ailleurs que des rudiments. Au centre, la cour du Roi, divisée en deux branches, l'une fiscale, l'autre judiciaire[1], qui avaient le même personnel,

[1] HALLAM, *Middle Ages*, III, 86.

imprimait une direction régulière à tous les services. Dans les comtés, la couronne était représentée par le vicomte. Ce personnage n'était nullement subordonné au comte, comme son nom paraît le donner à entendre. Il dépendait directement du gouvernement central. Ses rapports avec les comtes, les prélats et les barons de son comté étaient ceux d'un fonctionnaire avec des particuliers puissants et suspects qu'il surveille avec déférence jusqu'au jour où il est appelé à les combattre. Il leur transmettait les ordonnances royales. L'expression « la force et la justice du Roi et du vicomte [1] » indique bien qu'il n'y avait pas d'intermédiaire entre le Roi et son représentant local. Les grands vassaux avaient essayé de s'approprier cet office important, à la fois militaire, judi-

[1] Ordonnance de Guillaume Ier, séparant les juridictions spirituelle et temporelle. (STUBBS, *Sel. Charters*, p. 85.)

ciaire et fiscal. Dans certains comtés, ils étaient parvenus à se le faire concéder à titre héréditaire. Mais ces usurpations restèrent des cas très-rares. Presque partout les vicomtes ou shérifs continuèrent à être des fonctionnaires royaux, nommés annuellement et tenus de très-court par le gouvernement central. A partir de 1170, il devient de règle de ne plus prendre les shérifs parmi les barons, mais parmi les officiers de justice[1]. A plusieurs reprises, les shérifats sont suspendus, et l'intérim est fait par des juges détachés de la cour du Roi, lesquels, à deux, gèrent jusqu'à onze comtés. A tout propos, je vois que le Roi gourmande ses vicomtes, les déplace, les destitue en masse ou en détail. Au siècle suivant, leur autorité est déjà sensiblement restreinte, mais leur activité est encore incessante et multiple. Plus tard

1 STUBBS, I, 474

la royauté, autrement pourvue, diminuera systématiquement leurs attributions. Au cours du treizième siècle, leur position correspond assez exactement à celle des baillis ou sénéchaux qui administraient en France le domaine royal. Mais ils n'administraient pas seulement comme en France une portion limitée du sol national; on les rencontrait d'une extrémité à l'autre de l'Angleterre; ils rendaient la couronne présente dans les parties les plus reculées du territoire. Ils exerçaient en son nom les nombreuses attributions qui leur étaient confiées, et leurs disgrâces même faisaient partout sentir sa force et reconnaître son autorité.

L'organisation administrative de la monarchie anglaise se compléta de bonne heure par la création des juges ambulants. Ces officiers servaient de lien entre le gouvernement central et le gouvernement local. On les voit paraître sous Henri Ier,

moins d'un demi-siècle après la conquête.
Ils font généralement partie de la cour du
Roi, où ils reviennent siéger après leurs
tournées. C'étaient les *missi dominici*
carolingiens que la monarchie anglaise
reprenait ; les dimensions du royaume s'y
prêtaient mieux que celles de l'Empire. En
France, ils avaient depuis longtemps disparu. Au treizième siècle, les enquêteurs
royaux de saint Louis ne sont qu'une
institution éphémère qui ne survivra guère
à ce prince. Plus tard, ni les voyages des
commissaires royaux, envoyés dans les
provinces et dans les villes pour négocier
l'impôt, ni, plus tard encore, les chevau-
chées des maîtres des requêtes n'eurent
les caractères d'un établissement régulier [1];
c'étaient des missions de circonstance. Il
n'en était pas autrement des Grands Jours,

---

[1] Les maîtres des requêtes n'avaient d'ailleurs pour
mission que de regarder, d'écouter et de faire rapport:
leur rôle était purement spectatif. (HANOTAUX, *les Intendants*, 5.)

c'est-à-dire des sessions judiciaires tenues dans les provinces qui se trouvaient trop éloignées du parlement de Paris pour y porter commodément leurs appels. On pourrait dire, en empruntant une expression juridique, que l'instance supérieure de la justice royale était *portable* en Angleterre et *quérable* en France. Là, elle allait au-devant des justiciables ; ici, il fallait la venir chercher, et cela diminuait naturellement l'action et le crédit qu'elle pouvait avoir. La position des juges itinérants d'Angleterre était considérable. Quand ils tenaient leurs assises dans un comté, aucune immunité, aucune franchise baronniale ne dispensait de se rendre à leur cour. Personne, au moins à l'origine, n'échappait à leur juridiction. Ils jugeaient sur place, selon l'esprit du haut tribunal dont ils étaient membres, les appels des cours locales. On mesure sans peine le degré extraordinaire d'autorité et de prestige d'une royauté représentée dans toutes les parties du royaume par cette haute délégation, qui revenait périodiquement au centre prendre le mot d'ordre et se pénétrer de l'esprit du gouvernement [1].

Une royauté puissante et bien servie, un baronnage relativement faible, voilà deux traits importants qui opposent nettement l'Angleterre aux autres États européens. Un sentiment vivace et précoce de l'unité nationale n'est pas une particularité moins notable et moins distinctive. Freeman, et après lui Green, montrent que les premiers envahisseurs germains de la Grande-Bretagne, Jutes, Angles, Saxons, et jusqu'aux Danois, sortent du même fond bas-allemand, qu'ils se sont établis dans l'une des moins profondément latinisées des provinces romaines, que la lenteur de leur conquête et l'éner-

____
[1] Stubbs, I, 605 et suiv.

gie de la résistance ont abouti à l'exter-
mination ou au cantonnement rigoureux
des peuplades celtiques et à la destruction
de tous les monuments de la civilisation
antérieure, en sorte que nulle part ne
s'est rencontrée une race moins mélangée
et qui ait conservé plus entier son type
originel. Des preuves fournies par les
savants auteurs pour établir ce caractère
particulier de l'invasion saxonne, je ne
retiens que deux faits : d'abord que ces
païens mis en contact depuis 449 avec
une population chrétienne plus civilisée
qu'eux-mêmes, soient restés païens jusqu'au milieu du septième siècle (597-681),
en moyenne, et qu'ils aient dû leur conversion tardive, non pas aux vaincus,
mais à des missions venues de Rome ou
d'Irlande ; — ensuite, que leur langue
n'ait reçu alors, et jusqu'à l'invasion normande, aucune infusion latine appréciable,
et que la trame germanique de l'idiome

soit si fortement constituée, qu'aujour-
d'hui même il est impossible de faire
toute une phrase anglaise avec des éléments purement latins. Les Normands, à
leur tour, étaient issus de la même souche
que les précédents envahisseurs, et, si
Français qu'ils fussent devenus par les
coutumes et par la langue, quelque chose
devait subsister en eux du tréfonds germanique, où les semences anglo-saxonnes
ont pu reprendre très-vite et avec une
vigueur singulière, comme dans le sol natal.

Je ne me prononce pas sur la valeur
et la portée de ces influences ethniques.
Ici, d'ailleurs, intervient une cause plus
générale qui les domine. Le sentiment
d'une solidarité séparée est naturellement
plus prompt à naître et à prendre consistance dans un État insulaire que dans un
État continental. Des frontières marquées
par un fleuve ou par une montagne peuvent se déplacer et se déplacent en effet.

Les nationalités que divise cette mince et mobile barrière sont donc lentes à se dégager et à s'opposer. Une conscience distincte peut se condenser et se fixer à la fin, mais seulement du fait de l'histoire et par le souvenir d'une vie commune prolongée ; la géographie indécise la laisse d'abord et longtemps flotter, s'essayer, douter, se reprendre. Au contraire, une limite aussi nettement écrite sur la carte et aussi permanente que la mer à traverser invite incessamment l'esprit à regarder comme isolées à jamais les populations qu'elle sépare, et à concevoir comme une unité naturelle le groupe particulier qu'elle enferme à l'écart des autres. Les barons normands montrent, moins d'un siècle après la conquête, une tendance à se considérer comme un seul peuple avec les vaincus[1]. Les personnages que les rois

---

[1] Avant la fin du treizième siècle, les différences dans le costume entre Normands et Saxons avaient

angevins amènent du continent à leur
suite : Tourangeaux, Poitevins, ou même
Normands fraîchement sortis de Normandie, ne sont pas seulement odieux et suspects aux premiers occupants comme de
nouvelles parties prenantes ; ceux-ci les
considèrent d'instinct comme des étrangers, quoique ce soient leurs compatriotes
de la veille et que les uns et les autres
parlent la même langue ignorée des Saxons.
La haine pour les gens d'outre-Manche
est sensible dans toute la longue suite de
plaintes et remontrances adressées aux
rois ; et, d'autre part, un document que
j'ai déjà cité, le *Dialogue de l'échiquier*,
témoigne que, dès le douzième siècle, la
fusion des vainqueurs et des vaincus est
accomplie, « à ce point », dit le texte,
qu'il est à peu près impossible de discerner, parmi les hommes libres, qui est

disparu. (STRUTT, *View of the dress and habits of the
people of England,* t. II.)

Anglais, qui est Normand d'origine[1]. »

Le même document signale la fréquence des mariages mixtes entre les deux races, et le fait est d'autant plus remarquable, qu'à la même époque, les mariages avec étrangers paraissent une sorte de disgrâce. La clause 6 de la pétition des barons en 1258 stipule qu'on ne doit pas marier les héritières nobles en les « faisant déroger », en les « mésalliant » (ce sont les deux traductions les plus approximatives du mot *disparagentur*), et l'explication que le contexte donne de ce mot est caractéristique[2] : « En les unissant, est-il dit, à des hommes qui ne sont pas de la nationalité de ce royaume d'Angleterre. » On sait que les nobles anglais ont conservé la tradition et ne se marient guère qu'entre eux. Les noblesses cosmopolites et les clergés ultramontains ont été le fléau de

---

[1] STUBBS, *Select Charters*, p. 201.
[2] *Ibid.*, p. 383.

plus d'un État du continent. Ici, la noblesse et le clergé ont pu être, comme ailleurs, égoïstes, turbulents, avides, oppres-
seurs ; mais dès l'origine, et par une sorte
de fatalité géographique, ils se sont trouvés pénétrés d'un sentiment national profond, étroit, défiant, qui a eu l'avantage
de limiter l'horizon et d'arrêter le développement de l'esprit de caste, et qui n'a
pas cessé de miner sourdement, — je
l'expliquerai mieux un peu plus loin, —
les fondations de l'établissement catholique en Angleterre.

Une circonstance a particulièrement
aidé au développement rapide de cette
conscience nationale ; c'est l'homogénéite
très-ancienne des différentes parties du
territoire. Considérez un instant la division administrative de la France depuis
ses origines jusqu'à la fin de l'ancien régime. Vous y trouverez de grandes provinces qui ont l'étendue de moyens

royaumes ; la Bretagne, par exemple, égale en superficie à plus du quart de l'Angleterre proprement dite ; plusieurs correspondent à des *sous-nationalités;* une race particulière y fait le fond de la population ; plusieurs ont été de véritables États et gardent le souvenir d'un temps où leurs chefs étaient en possession d'une souveraineté distincte. Leur réunion à la couronne est successive ; elle se fait quelquefois par conquête, souvent par mariage, par héritage, par contrat, presque toujours sous des conditions qui leur garantissent d'anciennes franchises [1]. Le Roi, substitué à l'ancien seigneur, négocie directement et séparément avec chacune soit pour l'octroi, soit pour le mode de perception de l'impôt. Dans les Assemblées de la nation, qui auront lieu à partir

[1] Sous Philippe le Long, la langue d'oc ne veut pas d'une seule monnaie pour tout le royaume. Elle tient à ses étalons et à ses mesures, et repousse ceux de Paris.

du quatorzième siècle, cette séparation se maintiendra ; les députés se diviseront d'abord par *ordre,* mais aussitôt après, *au sein de chaque ordre,* ils se diviseront par *provinces* ou groupes de provinces[1], et, plus d'une fois, tel de ces groupes, préoccupé avant tout de ses intérêts, stipulera pour lui-même, se retirera ou s'abstiendra quand il aura obtenu satisfaction et fera manquer les résolutions communes. En somme, sous les apparences d'unité qu'un pouvoir arbitraire et une royauté de grand prestige donnaient au pays, la nation *était à faire* au dix-septième siècle[2].

[1] Voir notamment les états de 1576, de 1588 ; la division se fait par « gouvernemens ». Le même esprit s'était manifesté en 1483 aux états de Tours. En 1346, Hervieu signale un vote par états provinciaux ou par nations. De même, en 1349, pour la langue d'oïl. La réunion séparée d'états pour la langue d'oïl et la langue d'oc est longtemps d'usage courant.

[2] On sait qu'Adam Smith cite comme l'un des avantages les plus enviables de l'Angleterre de son temps la liberté complète et déjà ancienne du commerce à l'intérieur. En France, les rois avaient cherché à s'en rapprocher ;

Elle n'était plus une fédération et n'était pas encore un seul peuple. On sait qu'à l'époque des guerres de religion, la Noüe avait entrevu l'éventualité d'un démembrement de la monarchie [1]. L'Angleterre,

mais visiblement ils ne s'étaient pas cru la force de l'imposer. En 1621, Louis XIII autorise la création de nouveaux bureaux de douanes dans quelques provinces frontières qui n'en avaient pas eu jusqu'alors, mais il laisse ces provinces libres de les établir à leur choix du côté de la frontière ou du côté de l'intérieur. La Bourgogne ayant préféré son commerce avec l'intérieur, les bureaux y furent placés du côté de la Franche-Comté, qui appartenait alors à l'Espagne. Au contraire, la Saintonge, le pays d'Aunis, la Guienne, la Bretagne, le Maine, laissèrent établir leurs bureaux du côté de la Normandie et du Poitou, afin de conserver la liberté du commerce avec l'étranger. Plus tard, quand Colbert organise les grandes fermes, il n'impose pas, il ne fait que proposer l'union aux provinces, et l'on sait que les provinces qui formaient le noyau central nord furent seules à accepter la proposition. Aucun fait n'est plus propre à montrer que la France était encore dans les liens extrèmement relâchés d'une sorte de fédéralisme, et que le sentiment de la patrie commune n'était pas encore de force à serrer le nœud qui assure l'unité de l'État. P. CLÉMENT, *Histoire du système protecteur.*

[1] Les intendants, agents et symboles de la centralisation française, ont une origine significative. Cette institution ne procède point, comme on serait tenté de le croire, d'un développement régulier de l'organisation adminis-

par une bonne fortune unique en Europe, a été homogène dès le douzième siècle. Elle a dû en partie cet avantage au caractère tout particulier de sa division administrative, héritée des Anglo-Saxons. Sa circonscription la plus étendue, le comté, était à peine égale en moyenne à la moitié

trative Elle est empruntée à une période d'anarchie ; elle est le reste conservé et accru d'une sorte d'état de siége. Le premier type de l'intendant paraît avoir été en grande partie le commissaire délégué au seizième siècle dans les provinces qu'il fallait faire rentrer dans l'ordre, et adjoint au général qui y commandait les troupes. De là l'expression « intendants... du militaire » demeurée dans leur commission. L'institution se localise avec les troubles, s'interrompt avec eux, reprend quand ils recommencent, jusqu'à ce qu'elle se consolide en 1635, et s'étende à tout le royaume pacifié. Naturellement les pouvoirs sont d'abord extraordinaires, c'est-à-dire presqne illimités. Ce sont ces mêmes pouvoirs qui deviennent ordinaires un peu plus tard. Que les agents du pouvoir royal dans les provinces soient issus, non de fonctionnaires civils comme eux, par une extension graduelle des attributions, mais de commissaires comparables à ceux de la Convention, envoyés à la suite des armées, comme pour une seconde conquête, je ne sais pas de preuve plus frappante de l'état de division et de morcellement politique où était encore la France à l'entrée du dix-septième siècle. — V. Hanotaux, *les Intendants*.

d'un département français d'à présent et au dixième d'une province comme la Bretagne. Eût-il élevé des prétentions, la force lui aurait manqué pour les soutenir. Plusieurs comtés correspondaient plus ou moins exactement, non pas à une race, mais à une certaine tribu des envahisseurs; ils représentaient quelquefois un royaume éphémère, rarement une nationalité effectivement distincte. Très-peu se rappelaient avoir joui d'une existence politique séparée. Les incessantes révolutions, conquêtes et fusions de la période anglo-saxonne avaient brouillé tous ces souvenirs. Conquis en bloc par les rois normands, les comtés n'avaient pas eu l'occasion de stipuler chacun à part des autres le maintien ou l'octroi de franchises particulières. Dans ces conditions, ils n'étaient guère que de simples divisions administratives et fiscales, sans caractère ni intérêts individuels. Ils n'avaient aucune

analogie avec nos provinces de l'ancien régime. L'analogie était plutôt, moins le caractère violent et artificiel, avec ces circonscriptions départementales dont la Consti-
tuante de 1789 se servit pour briser les antiques cadres du provincialisme. Il n'y a
pas trace de provincialisme en Angleterre
après 1100. Par une conjonction singulière de circonstances, l'unification du
territoire et de l'esprit national, que nous
devions attendre sept siècles encore et
n'accomplir que par une révolution si
violente qu'elle a emporté en même temps
ce qui restait de nos libertés locales, était
un fait acquis au moment où l'Angleterre
entre, sous la dynastie des Plantagenets,
dans la grande histoire européenne[1].

---

[1] Il est probable que la condition de l'Angleterre à cet
egard eût été à peu près celle de la France, si elle avait
été plus prompte à conquérir le pays de Galles, l'Écosse et
l'Irlande, et si elle avait dû compter de bonne heure, dans
ses assemblées politiques, avec les représentants de ces
provinces annexées si différentes d'elle-même.

Une dernière remarque : sur ce territoire homogène, chez ce peuple affranchi des prétentions et de l'égoïsme de l'esprit provincial, règnent de bonne heure une seule loi, une même coutume. Vers la fin du règne de Henri II, toutes les différences locales importantes ont disparu. De ce côté aussi, l'unité nationale est acquise. Les juges itinérants l'affermissent définitivement en moins d'un siècle. Délégués d'une même cour siégeant à Londres, membres dès l'origine du grand conseil qui fut le noyau du Parlement, coadjuteurs et exécuteurs des grandes ordonnances royales ; plus tard, interprètes officiels de la législature et rédacteurs des statuts qui traduisent ses vœux, ils apportent dans les localités une hauteur, une généralité et une constance de doctrine qui ont rapidement raison des usages particuliers. Les justices seigneuriales et locales sont trop faibles pour servir longtemps de refuge à ces usages ; elles disparaissent de bonne heure et sont remplacées par une organisation nouvelle, celle des « juges de paix », collége administratif et judiciaire commissionné par la Couronne pour tout le comté et plus ouvert à l'esprit de la juridiction supérieure. Dans la société en travail et en progrès que les juges ambulants parcourent en tous sens, après le siècle de désordre qui a suivi la conquête, les races, les classes, les individus ont intérêt à faire fixer leurs droits respectifs. La jurisprudence que ces hauts personnages développent en leurs circuits périodiques et la législation qu'ils inspirent à leur retour auprès du Roi sont très-abondantes ; elles embrassent bientôt tout l'ensemble des relations sociales, elles y introduisent sans effort l'uniformité. Après Étienne, les trois lois wessexienne, mercienne, danoise, qui se partageaient le royaume, cessent d'être mentionnées [1] ; à partir de Henri II, l'Angleterre n'a plus, sauf quelques exceptions étroitement locales, qu'une seule loi coutumière, la *common law,* la même pour tout le territoire.

En France, c'est sous Henri III, au seizième siècle, que s'achève la rédaction des coutumes ; on en trouve deux cent quatre-vingt-cinq, dont soixante principales, sans compter la grande division en pays de droit coutumier et pays de droit romain. Au quinzième, au seizième et au dix-septième siècle, quand les rois annexent de grandes provinces, le mieux qu'ils imaginent et le plus qu'ils puissent faire est de créer un certain nombre de ressorts judiciaires indépendants, avec des parlements à leur tête. Le morcellement et la confusion étaient tels, et chaque région était si attachée à ses usages, que

---

[1] STUBBS, I, ch. XIII.

ce stage intermédiaire paraissait indispensable ; une concentration plus hâtive eût tout compromis. L'unité, en cela comme en toute autre chose, a été chez nous très-tardive. Longtemps contenue par les restes vivaces d'une féodalité qui avait laissé fortement son empreinte dans les habitudes et dans les instincts des hommes, il a fallu qu'elle prît un caractère rationnel, une forme impérative et statutaire, qu'elle s'établit par le commandement et par la violence. En Angleterre, l'unité législative n'a pas été imposée, parce qu'elle n'a pas rencontré de résistance sérieuse ; elle s'est insinuée, infiltrée sans bruit sous la forme discrète des précédents judiciaires. Son développement s'est confondu avec celui des besoins et des mœurs. La législation ne cessera pas de s'enrichir après le douzième siècle, mais l'unité du droit national peut être considérée comme fondée en 1200, trente ans après la constitution définitive de la haute justice ambulante.

Un roi fort, un baronnage faible, un royaume homogène, je reprends les trois points établis par cette longue analyse. Il faut les avoir devant les yeux pour comprendre comment la liberté politique est née de si bonne heure en Angleterre et y a revêtu sa forme la plus parfaite : un Parlement national, alors que les autres pays élaboraient péniblement le mécanisme grossier et compliqué des États généraux et des États provinciaux. Considérez, en effet, cette royauté telle que nous l'avons décrite. On peut prédire qu'elle abusera de son immense pouvoir, et que ses excès provoqueront de vives résistances. Ailleurs, lorsque la royauté devient absolue, c'est à une époque où l'art de voiler l'arbitraire, de le corriger par des formes, de le justifier par la bonne gestion de nombreux services d'État, s'est perfectionné dans les mains des gouvernants, tandis que les occupations paisibles, devenues plus générales, ont adouci les mœurs et que des intérêts plus stables conseillent la patience. Aucun de ces tempéraments n'existe dans la société anglaise sous les rois normands et angevins. La guerre est alors l'unique service d'État. La justice et l'appareil administratif sont avant tout l'instrument d'une insatiable fiscalité. Il n'y a ni excuse, ni compensation à l'atroce oppression exercée par la Couronne, et cependant les hommes qu'elle atteint ont les caractères entiers et les passions sans frein d'une époque primitive. Il n'a pas moins fallu pour susciter l'énergique résistance qui a fondé les institutions politiques de l'Angleterre. Freeman estime que si Jean Sans terre avait eu les vertus d'un saint Louis, c'en était fait de la liberté anglaise. Il eût dit plus vrai en ajoutant : « S'il

n'avait eu que le pouvoir de saint Louis. »
Quel est le prince qui résiste aux tenta-
tions et à l'action dépravante d'une autorité illimitée? Le détestable gouvernement
des premiers rois normands et angevins
n'a pas d'autre cause. C'est cet abus d'un
trop grand pouvoir, combiné avec l'extrême violence des mœurs du temps, qui
a déterminé au treizième siècle la crise
d'où est sortie la grande charte.

Le haut baronnage que la royauté anglaise menace avec des forces si supérieures, ne vaut pas mieux par nature que
la noblesse du continent. Dans le siècle
qui suit l'invasion, ce n'est qu'une bande
d'aventuriers avides, de soldats turbulents, de petits tyrans effrénés qu'il faut
incessamment contenir et châtier. On les
voit tels qu'ils sont sous le roi Étienne;
l'épouvantable anarchie de cette période
peut se chiffrer, pour ainsi dire, par le
nombre des « châteaux adultérins » qu'ils

construisent, et d'où ils oppriment le plat pays, en défiant toute autorité. A la fin de la période, il n'en reste pas moins de 375 à détruire sur cet étroit territoire. Nous sommes encore loin d'une action politique commune, et rien ne paraît de la sagesse et de la générosité qui se feront admirer un siècle plus tard. L'étonnant esprit politique des rebelles de 1215 ne procède nullement d'un don naturel, d'une aptitude de race[1]; c'est le fruit lentement mûri de la nécessité. Considérez, en effet, ces hauts barons disséminés sur leurs domaines en face de la royauté qui les opprime. Les grands feudataires français peuvent se retrancher dans leurs États et chacun y défier isolément le suzerain dont la puissance dépasse à peine la leur. Les grands vassaux anglais n'ont

---

[1] En 1310, les *ordonnances* seront rédigées tout au profit des barons et dans un intérêt de classe très-exclusif. (STUBBS, II, 321.)

pas, à proprement parler, d'États; ils n'ont que des domaines; leur suzerain est l'un des plus puissants princes de la chrétienté. Ils ne se sentent pas protégés contre lui par l'éloignement; quelques journées de marche amènent l'armée royale au pied de leurs châteaux. Un petit nombre seulement, les grands barons du Nord et ceux du comté de Kent, peuvent s'appuyer sur une sorte d'esprit régional. Rien de pareil à cet esprit n'existe dans les autres comtés. Le but que les feudataires anglais se proposent, les moyens qu'ils emploient reçoivent leur caractère de ces circonstances exceptionnelles. Le but n'est pas de se rendre indépendants, — la prétention serait vraiment trop chimérique, — c'est de contrôler, de partager même le pouvoir, dont il paraît inévitable qu'on dépende [1]. Les moyens ne

---

[1] Il faut lire les pétitions des barons en 1215 et en 1258. On est surpris de voir, d'un côté, ce qu'ils sont

seront pas la résistance individuelle, locale, ni même une résistance de classe. Pour se mesurer avec moins de désavantage contre un adversaire si supérieur en forces, les barons n'ont qu'une ressource, c'est non-seulement de se réunir, de s'entendre, de s'organiser, mais de rallier, d'un bout du royaume à l'autre, ceux que la tyrannie du souverain peut atteindre ; et le mot de ralliement ne sera entendu et écouté que s'il comprend les griefs de tous. Ainsi, pour que la victoire ne soit pas stérile, la résistance devra être politique ; pour aboutir à la victoire, elle devra être collective, nationale et même populaire. Tout cela s'est vu en 1215. La féodalité n'a pas manqué de se montrer partout ailleurs ce qu'elle est par essence, un agent de division, de décomposition et

préparés à subir de la part du pouvoir central, d'un autre côté, la hardiesse du système oligarchique au moyen duquel ils prétendent contrôler et presque absorber ce pouvoir d'oppression ; on voit comment elle est devenue ici, par circonstance, un agent d'union, de concert politique, de protection plus ou moins intéressée pour les faibles : la menace permanente d'une royauté trop puissante a, suivant la belle expression de Hallam, neutralisé la force centrifuge du système féodal.

Voilà ce qui fait la grandeur et l'originalité du grand drame dont le premier acte se clôt par la grande charte, et dont le dernier se dénoue par la Constitution du Parlement vers 1340. Une nation est née alors, ou plutôt s'est manifestée, une nation serrée et ordonnée autour de ses chefs naturels. Le Parlement est le moyen d'action que s'est donné cette force nouvelle, l'organe permanent dans lequel la résistance de 1215 s'est pacifiée, régularisée et perpétuée sous la forme de l'opposition politique et du contrôle. Ainsi s'expliquent les caractères particuliers qui en ont fait, dès le commencement, une institution originale et unique en Europe. L'absence de souvenirs, de priviléges et d'intérêts provinciaux distincts est cause qu'il n'y a eu place que pour une seule Assemblée, une Assemblée centrale. Le cadre et l'objet manquaient pour des États provinciaux ; ce moyen de localiser la résistance et de diviser pour régner a été refusé à la royauté anglaise [1]. Comparez, d'un autre côté, ce Parlement aux États généraux de France. Quoique ceux-ci comprennent nominalement toutes les classes de la nation, moins les serfs, leur réunion n'a pas été accomplie dans le même esprit et n'a pas produit les mêmes effets qu'en Angleterre. Là, ces classes arrivent séparément à l'appel du souve-

[1] En France, il paraît certain que les états provinciaux sont, comme les états généraux, une création de la royauté. Ils ne tombent en désuétude qu'après Charles VII. Louis XI leur soumet encore le traité d'Arras. (Voy. la *Revue historique*. Juillet à octobre 1879.)

rain, sans s'être jamais concertées ; elles n'ont pas de traditions communes. Elles sortent pour la première fois[1] de leur isolement lorsque Philippe le Bel les convoque en 1302. Elles ne se connaissent pas, ne se comprennent pas ; elles ne se comprendront jamais. Ici, au contraire, toutes les classes se connaissent et se retrouvent lorsque le Parlement se constitue à la fin du treizième siècle. Dans la lutte provoquée par la royauté, elles se sont plusieurs fois rapprochées depuis cent ans. Elles ont senti plusieurs fois leurs intérêts menacés se confondre, leurs droits se prêter un appui mutuel ; les efforts qu'elles ont faits en commun ont été couronnés par une victoire mémorable et consacrés dans un acte où les grands ont stipulé en faveur des humbles et des petits.

---

[1] Je n'ignore pas que des états ont pu être tenus auparavant. Mais je ne m'arrête pas à ce fait, ne voulant retenir que ce qui a une valeur et des effets politiques. (Voy. HERVIEU, *États généraux*.)

De tels souvenirs ne s'effacent pas et ne se laissent pas renier. Les articles de la grande charte ont peu d'importance comme dispositions impératives et pratiques; ils en ont beaucoup comme signes et emblèmes d'une action collective et nationale, comme gage donné par chaque classe du peuple à toutes les autres; leur grande force procède d'un effet d'imagination. Le pays s'inquiétait peu de savoir si telles ou telles clauses, par exemple celles qui assuraient à ses chefs quelque contrôle sur la marche du gouvernement, étaient maintenues ou non dans les confirmations de la charte. Le point capital était que la charte fût confirmée, et, avec elle, le souvenir d'un jour où tous les Anglais s'étaient trouvés unis contre l'oppression. Trente-deux ratifications [1] se

---

[1] D'après sir Ed. Coke.

« En France, les États généraux, au moment même de leur plus grand éclat, c'est-à-dire dans le cours du qua-

succédèrent sans rencontrer l'indifférence et la satiété dans le public. La légende n'est pas une image fidèle de la réalité qu'elle traduit, mais elle est pour son compte une réalité, souvent la plus vivante et la plus féconde de toutes. Les forces sentimentales sont après tout les garanties des garanties, les seules cautions sérieuses et solvables des assurances autrement bien vaines que l'on inscrit sur les parchemins. Un jour de générosité a suffi pour créer autour des barons anglais une foi, une attente publiques, et, en quelque sorte, une conscience extérieure qui s'est imposée à leur volonté, a dominé leur égoïsme et a pris même à leurs yeux l'apparence d'une conviction interne et personnelle. Les tendances oligarchiques de la féodalité bri-

torzième siècle, n'ont guère été que des accidents, un pouvoir national et souvent invoqué, mais non un élément constitutionnel. » (Guizot, *Essais*, p. 153.)

tannique au treizième et au quatorzième siècle sont incontestables; elles n'ont jamais réussi à la séparer du reste du peuple. Voilà comment la division officielle en lords et en communes n'a pas empêché le Parlement de rester, pendant des siècles, une Assemblée profondément homogène et profondément nationale, où les oppositions de classes étaient aussi rares que les conflits entre les prétentions locales, tandis que nos États généraux n'étaient qu'un lieu de rencontre et de juxtaposition pour des ordres indifférents ou hostiles les uns aux autres, et pour des délégations provinciales qui ne s'élevaient pas sans effort au-dessus des intérêts particuliers de leurs commettants.

LES CLASSES. — LE HAUT BARONNAGE
ET LA PAIRIE.

Il convient maintenant d'étudier de plus près les éléments qui entrent dans la composition du Parlement et d'observer comment ils s'y rejoignent, dans quel ordre ils s'y distribuent, quelle relation il y a entre la place qu'ils occupent dans la nation et leur rôle parlementaire, et réciproquement quelle influence ce rôle a pu exercer sur leurs rapports mutuels et sur leur inégal développement au sein du corps politique. Dans toutes ses questions, la lumière ne peut être faite qu'à la condition de pénétrer un peu pro-

fondément dans la vie locale du moyen
âge. Là, non moins que dans la région
des grands pouvoirs, l'Angleterre diffère
notablement des autres pays de l'Europe.
Ce qu'on y rencontre de plus particulier,
c'est une classe moyenne rurale, force sociale inconnue dans les États du continent,
qui se forme peu à peu par le dédoublement de la classe supérieure, s'abaisse
pour un temps, s'enfonce pour ainsi dire
dans la nation, se mélange avec les classes
placées au-dessous d'elle, et après leur
avoir apporté l'égalité devant la loi et devant l'impôt, remonte en les entraînant à
sa suite vers de plus hautes destinées,
déploie une activité croissante à l'appel de
l'autorité royale, constitue, du douzième
au quatorzième siècle, le *self-government*
local actuel aux dépens de l'ancienne administration des comtés, puis, devenue trop
considérable pour être tenue à l'écart,
prend place dans le Parlement, y sert de

lien, grâce à sa nature mixte et à ses doubles affinités, entre la haute noblesse et la représentation des villes ; enfin, lorsqu'au seizième siècle la disparition de l'ancien baronnage laisse une grande place inoccupée dans la plus haute des deux branches parlementaires, se trouve prête à remplir le vide et forme la souche de l'aristocratie anglaise moderne. Le développement de cette classe est un fait capital dans l'histoire politique de l'Angleterre. Il importe de s'y arrêter un instant.

Presque immédiatement après la conquête, le baronnage normand établi en Angleterre apparaît divisé en deux portions et pour ainsi dire en deux étages : les hauts barons, *barones majores*, et les petits vassaux immédiats de la couronne, *tenentes in capite*, qu'on appelle aussi quelquefois *barones minores*. Ceux-ci forment une classe nombreuse, indépendante et fière. Remarquez bien qu'ils sont en

dehors de la mouvance et de la juridiction du haut baronnage. S'ils ne sont pas
les égaux des barons, ils ne sont pas leurs
subordonnés, ils ne leur doivent aucun
service, ils ne relèvent que du Roi. Les
seules différences qui se marquent d'assez
bonne heure entre les deux catégories sont
que les *barones majores* ont des domaines
notablement plus étendus (la tenure baronniale doit contenir 13 1/3 fiefs de chevalier), et qu'ils sont convoqués indivi-
duellement à l'armée et au conseil du Roi,
au lieu que les petits tenants sont cités en
masse par l'intermédiaire du shérif. Ce
sont des différences de degré, non de
genre [1]. Ces deux moitiés du baronnage
ne tarderont pas à se modifier; l'intervalle
s'élargira sensiblement entre elles. Toutefois, même après que la première sera
seule depuis plus d'un siècle en possession

---

[1] Voy. GNEIST, I, 171, d'après Nevill et Littleton.

de conseiller le souverain, tandis que la seconde, confondue d'abord avec les vassaux des barons dans la classe des chevaliers, sera en voie de se mélanger avec toute la masse des propriétaires libres, — l'unité originelle de la classe baronniale ne s'effacera pas complétement. Quand les chevaliers seront appelés au Parlement, leur premier mouvement sera de se joindre aux barons; le premier mouvement des barons sera de les accueillir; et lorsqu'un peu plus tard les deux groupes se sépareront et que les chevaliers s'en iront siéger avec les représentants des villes, ils apporteront à leurs nouveaux collègues, avec la fierté, la hardiesse, la fermeté d'une ancienne classe militaire qui a de longues traditions de commandement et de discipline[1], l'avantage d'une communication

[1] On sait que, pendant le quatorzième siècle, ce son les chevaliers des comtés qui mènent la chambre de communes. Les députés des villes, deux ou trois fois plus nombreux, ne font que suivre.

naturelle et d'une facile entente avec le haut baronnage, dont ils se sont écartés plutôt que détachés. Barons et chevaliers resteront longtemps encore comme la branche aînée et la branche cadette d'une même famille. Nous retrouverons dans un instant ce fait capital.

De bonne heure toutefois, comme je l'ai fait pressentir, une divergence tend à se produire entre les habitudes et les goûts des deux baronnages. Les petits vassaux sont naturellement moins assidus que les grands barons aux assemblées publiques, moins empressés à suivre le Roi dans ses expéditions. L'exploitation de leurs terres leur demande des soins plus personnels. Leur absence, en ces temps de violence et de spoliation, expose leurs droits de possession à des périls qui ne menacent pas les personnages puissants. Aussi font-ils tous leurs efforts pour se dérober. Ils n'échappent qu'à prix d'argent, on le verra plus loin, à leurs obligations en temps de guerre. Comme il est naturel, le Roi est moins attentif à exiger la présence de cette multitude à ses conseils. La convocation des petits vassaux directs tombe donc rapidement en désuétude. Pendant plus d'un siècle après la conquête, l'avis et l'acquiescement de cette classe ne sont jamais mentionnés en tête des ordonnances royales [1]. Les grands vassaux, les évêques et les juges y figurent seuls; ils y figurent avec une constance qui atteste leur assiduité. Sous les rois normands et angevins, on aperçoit d'abord autour du trône un corps formé

---

[1] Voyez STUBBS, *Select Charters*. Remarquer, même plus tard, celle de 1237, où les magnats seuls paraissent avoir été présents, quoique la concession de subside soit réputée faite aussi par les chevaliers et les hommes libres. Ceux-ci représentent leurs « vilains ». En 1232, les vilains sont nommés avec les autres comme ayant octroyé le subside. Évidemment, chevaliers, hommes libres, aussi bien que vilains, n'étaient pas là en personne; les magnats stipulaient pour eux.

des grands officiers du palais, chefs de l'administration générale, et d'un certain nombre de prélats et de barons que le Roi estime particulièrement capables et de bon jugement; c'est le conseil du Roi. A ce groupe permanent s'adjoignent dans les circonstances importantes, — guerre à déclarer, subsides extraordinaires à fournir, édits à promulguer, — le reste des grands vassaux laïques et ecclésiastiques. Ils forment alors le *magnum concilium*, le grand conseil. Le Roi tient la main à ce qu'ils y assistent; car leur consentement, — qu'ils ne peuvent refuser à une volonté si puissante [1], — décourage toute résistance locale à l'exécution des mesures, et eux-mêmes sentent qu'ils ont intérêt à être présents pour discuter et faire réduire les charges dont ils sont menacés.

Ce simple fait a eu des conséquences

[1] Il n'y a pas d'exemple d'un refus de subsides sous les rois normands. (Stubbs, *Select Charters*, Préface, p. 18.)

immenses. Le baronnage se divise. Deux groupes distincts s'y forment par un lent dédoublement : — une haute classe provinciale sédentaire qui comprend tous les petits vassaux directs du prince avec les barons les moins considérables, — et une aristocratie politique qui comprend, avec tous les grands barons, les conseillers appelés par la couronne. Et l'on voit le point précis où la division s'opère : c'est la présence et la séance habituelles au conseil du Roi qui distinguent et caractérisent cette aristocratie ; c'est le fait de la convocation individuelle et nominative qui tend à devenir le signe extérieur et officiel de sa dignité. Circonstance capitale ; car la qualité de noble et les priviléges dévolus alors en tout pays à la classe la plus haute vont s'arrêter à cette ligne de partage. Attachés de bonne heure à l'activité supérieure du conseiller public et de l'homme d'État, ils ne franchiront pas l'enceinte d'une assemblée de dignitaires, ils ne descendront pas au reste du baronnage, et celui-ci, rejeté par comparaison vers la classe immédiatement inférieure, ne tardera pas à se confondre et à se niveler avec la masse des hommes libres.

Un siége ne se partage pas, une fonction ne se morcèle pas indéfiniment. La noblesse est donc devenue, comme la pairie, strictement héréditaire par primogéniture. Liée à un office indivisible, elle ne passe qu'à l'aîné, tête pour tête, et les autres fils n'ont rien qui les distingue du commun des citoyens. Au lieu d'un *ordre* composé de *familles* privilégiées, qui tend à s'augmenter, de génération en génération, par l'excédent des naissances, l'Angleterre n'a eu qu'un *groupe d'individus* privilégiés qui devait tendre à se réduire, de génération en génération, par l'extinction des lignées et qui se serait éteint en effet sans les nouvelles créations. L'an-

tique « isonomie » anglaise, vantée par
Hallam, est due à cette pairie très-peu
nombreuse qui, constituée tout d'abord
en corps gouvernant, a pour ainsi dire
fait écluse, a retenu les inégalités à son
niveau et les a empêchées de se répandre,
en s'abaissant et se corrompant, sur toute
une caste disséminée dans la nation.

En France, la féodalité était dès le principe trop divergente et trop diffuse pour
que ses chefs eussent le pouvoir ou même
la pensée de constituer un groupe supérieur associé au gouvernement. La qualité
de noble et ses avantages, ne pouvant se
fixer sur cette haute prérogative, n'ont
trouvé où se poser que sur la condition
banale de la naissance et de l'extraction.
N'ayant pas été appropriés dans les hautes
régions, ils se sont communiqués indistinctement à toute la classe de ceux qu'on
a nommés « gentilshommes ». Ils l'ont séparée et isolée tout entière de la masse na-

tionale. C'est faute d'une aristocratie politique concentrée qu'il y a eu chez nous
une noblesse de sang, dont les immunités,
liées au nom patrimonial et passant à tous
les enfants, se sont multipliées avec les
branches puînées et ont pesé d'un poids
sans cesse accru sur tout le peuple [1]. Les
Anglais ont été préservés d'une pareille
calamité par l'idée qu'ils se sont faite de
bonne heure de la qualité de noble, et

[1] Ajoutez qu'une aristocratie constituée en conseil politique devait concevoir la noblesse comme le fondement
d'une haute prérogative, nullement comme un titre à des
exemptions de charges. Possédée par la soif du pouvoir,
rassasiée par les profits du pouvoir, elle n'a puisé dans les
inégalités que ce qui ajoutait à son crédit et à son
influence ; elle a pu dédaigner celles que le peuple res-
sent avec le plus d'irritation et d'envie, notamment les
immunités pécuniaires. En France, les avantages attachés
à la noblesse se sont naturellement proportionnés et
adaptés aux besoins d'une classe qui allait s'appauvris-
sant en devenant plus nombreuse, et qui, n'ayant ni le
pouvoir ni la richesse pour soutenir son rang, recherchait
avidement d'autres signes de sa supériorité ; ils ont pris la
forme d'exemptions fiscales criantes, de priviléges bles-
sants, de distinctions puériles, d'exclusions ruineuses pour
les favorisés eux-mêmes et sanctionnées par une menace de
dérogeance.

cette idée découle, en sa source la plus haute et la plus reculée, du fait que la féodalité anglaise s'était incorporée dès l'origine en un conseil d'hommes d'État, en une assemblée de magnats politiques. Là est la circonstance décisive qui, en resserrant et en rehaussant, durant deux siècles, la base sur laquelle la classe supérieure pouvait faire reposer son titre, a fondé l'égalité des droits pour tout le reste du peuple. Dès le quinzième siècle, à l'époque où l'exemption de la taille est devenue pour l'innombrable noblesse française un privilége acquis, un avantage attaché au sang, qui l'isole odieusement de la masse roturière, l' « isonomie » des classes et la continuité d'une classe à l'autre ne sont pas un fait moins caractéristique de la société anglaise que l'unité du territoire et la forte constitution de l'État[1].

[1] On sait qu'en 1789 le projet de constituer une Chambre de hauts dignitaires provoqua les plus vives résistances

III

LES CHEVALIERS ET LES BOURGEOIS.
— RUINE DU RÉGIME FÉODAL.

Essayons maintenant de rejoindre, dans leurs comtés, les petits vassaux directs de la couronne, et recherchons ce qu'ils y de-

dans le corps entier de la noblesse française et surtout chez les hobereaux. Ils sentaient d'instinct qu'ils seraient comme déclassés dans leur caste par cette distraction d'une aristocratie politique, et qu'ils ne tarderaient pas à retomber au même rang que les roturiers. Plus tard, en 1814, M. de Villèle se faisait l'organe du même sentiment lorsque, critiquant l'institution d'une Chambre des pairs héréditaire, il demandait où étaient en France ces deux cents existences assez supérieures aux autres pour qu'on pût les placer à cette hauteur. Ce serait, ajoutait-il, supprimer la noblesse, au profit des deux cents familles qui seraient choisies. Ce qu'il redoutait comme une calamité est précisément ce qui s'est fait, dès le moyen âge, de l'autre côté de la Manche, et ce qui a fondé chez nos voisins l'égalité civile et politique,

viennent. Les premières tendances qui
s'accusent et le premier mouvement qui se
dessine sont d'un caractère tout féodal.
Les fiefs de chevaliers, inconnus au lendemain de la conquête, s'établissent rapidement et sont déjà très-nombreux vers
1100[1]. Ce sont des domaines déterminés
auxquels la charge du service militaire est
spécialement attachée, au lieu de peser
indistinctement sur les terres du manoir.
De là, comme sur le continent, une distinction très-nette entre deux natures de
propriété : propriété noble et propriété
ordinaire; la première, tenue à condition
du service des armes, et soumise tant à
la règle stricte de la primogéniture qu'à
des droits d'aide, de garde et de mariage
très-onéreux pour les détenteurs[2]; la seconde, tenue en « libre socage », — c'est
le terme juridique, — et affranchie des

1 STUBBS, I, 261.
2 HALLAM, III, 54.

plus lourdes des obligations féodales, La tenure militaire a pour conséquence une première fusion entre les vassaux directs de la couronne et les vassaux des seigneurs ou arrière-vassaux qui occupent la terre à ce même titre[1]. Mais elle semble de nature à séparer profondément les uns et les autres de la masse des propriétaires fonciers ordinaires, et à constituer les chevaliers en une classe à part, en une sorte d'ordre équestre hautain et fermé.

D'autres causes plus puissantes que l'esprit féodal ont écarté le péril. Premièrement, l'Angleterre du douzième siècle était l'un des pays de l'Europe où il y avait le plus d'hommes libres, c'est-à-dire de propriétaires libres, — les deux choses sont alors identiques, — à côté et en dehors de la chevalerie féodale. C'étaient, soit des Normands de condition inférieure

[1] GNEIST, I, 171.

qui avaient suivi ou rejoint leurs seigneurs, soit d'anciens propriétaires saxons, — il y en avait beaucoup avant la conquête, surtout dans les comtés de l'Est[1], — qui, rentrés en grâce, après un temps, auprès des nouveaux maîtres du sol, avaient recouvré la liberté et une partie de leurs terres. Plusieurs documents du douzième siècle nous montrent ces Saxons en excellents rapports avec les hommes libres et les barons normands, unis à eux par des mariages, et de bonne heure s'élevant eux-mêmes au rang baronnial[2]. La classe des propriétaires libres non nobles avait donc ici ce qui lui manquait en France : le nombre, la masse, la consistance. Un des signes de son importance est que c'est elle qui a fourni, dès l'origine, le principe de la classification des personnes. Bracton, légiste anglais du

[1] TURNER, liv. VIII, ch. IX.
[2] *Dialogue de l'échiquier.*

treizième siècle, ne distingue que deux conditions personnelles : la liberté et le vilenage. Les autres distinctions ne sont pour lui que des subdivisions sans importance juridique. A peu près à la même époque, le légiste français Beaumanoir[1] partage le peuple en trois classes : nobles, hommes libres, serfs. Les hommes libres, ici, n'étaient guère que des bourgeois. Ceux qui vivaient dans les campagnes avaient grand'peine à ne pas déchoir de leur condition ; ils n'échappaient à un changement d'état qu'en allant demeurer dans les villes.

Je me résume : la classe des propriétaires libres non nobles, en Angleterre, formait un corps puissant, capable d'attirer à lui la classe immédiatement supérieure, celle des chevaliers, et de l'absorber ou de s'y absorber, si les circonstances diminuaient l'écart de l'une à l'autre.

____

[1] HALLAM, *l'Europe au moyen âge*, III, p. 101.

Ce rapprochement ne se fit pas attendre ; les fiefs des chevaliers, qui étaient d'abord d'une étendue assez considérable, se morcèlent fréquemment dès le douzième siècle. On les partage principalement pour l'établissement des filles et des puînés. Cela devient d'un usage si fréquent que le législateur est forcé d'intervenir. La grande charte (édition de 1217) défend d'aliéner les fiefs dans une mesure telle que ce qui reste ne suffise plus pour répondre des charges attachées à la tenure militaire. C'est encore un symptôme de la division croissante de la propriété. En 1290, le législateur abolit les sous-inféodations, et, à cette occasion, consacre, pour tout homme libre qui n'est pas vassal immédiat du Roi, le droit de vendre tout ou partie de sa propriété, même sans le consentement de son seigneur[1]. Dans l'un et l'autre cas, l'ac-

---

[1] En 1327, le droit d'aliéner est étendu même aux vassaux immédiats du Roi. (STUBBS, II, 370.)

quéreur devient le vassal du même seigneur que le vendeur. Ces mesures contribuent à multiplier les petits tenants directs de la couronne. D'autre part, les domaines des chevaliers changeant de mains et diminuant d'importance, la condition sociale des détenteurs tendait à se rapprocher de celle des propriétaires libres ordinaires, naguère très au-dessous d'eux, maintenant leurs égaux par la fortune. Il n'y avait pas abaissement par la raison que, pendant la même période, la richesse générale et, partant, le produit des terres avaient sensiblement augmenté, en sorte que le revenu d'une moitié ou d'un tiers ne devait pas être inférieur au revenu entier d'autrefois. Mais il y avait nivellement entre les deux classes. Plus d'un baron dont le fief s'était dispersé en dots ou en autres libéralités fut entraîné dans le mouvement. La diminution du nombre des baronnies après le règne de Henri III est un fait incontestable [1].

Il se trouvait d'ailleurs que, pendant le même temps, le genre de vie et les habitudes des deux classes avaient cessé d'être très-différents. Les chevaliers, par les mêmes raisons qui les décourageaient de se rendre au conseil du Roi, manifestèrent de bonne heure une très-vive répugnance pour la guerre. Les possessions les plus menacées de la couronne étaient en France. Il fallait presque toujours quitter le sol anglais, traverser la mer, s'en aller au loin sur le continent. De bonne heure, les chevaliers se montrent préoccupés d'échapper à cette obligation. Lorsque le roi Henri II leur offre de les exempter moyennant une taxe d'exonération, ils acceptent avec empressement. C'est l'impôt qu'on a

[1] Matth. PARIS, V, 617. — Des quatre-vingt-dix-huit baronnies dont les représentants avaient été convoqués en 1300, quatorze étaient éteintes à l'avénement de Henri IV, et trente-trois avaient perdu l'importance et la dignité de pairies héréditaires. (STUBBS, III, 16, 17.)

appelé *scutagium* (escuage). A ce prix, les chevaliers restaient dans leurs foyers. Mais cette taxe de rachat laissait subsister toutes les autres charges de la tenure militaire, notamment ces lourds et scandaleux droits de mariage et de garde qui n'existaient sous cette forme et avec cette rigueur qu'en Angleterre et en Normandie[1]. Aussi essaye-t-on de se dérober à la chevalerie elle-même, cause ou occasion de tant de maux; on néglige ou l'on évite de se faire armer chevalier. Les ordonnances qui enjoignent de recevoir cet honneur reviennent incessamment au cours du treizième siècle; cela prouve clairement qu'on ne s'y prêtait que de mauvaise grâce. La recrudescence de l'esprit chevaleresque sous Édouard III ne fut qu'un accident et une mode éphémère. Dès 1278, le Roi commande aux shérifs de contraindre à rece-

---

[1] Hallam, III, 54.

voir l'accolade, non pas seulement les personnes appartenant à la classe des chevaliers, mais tous les hommes dont le revenu foncier égale vingt livres sterling, de quelque seigneur et à quelque titre qu'ils tiennent leurs terres. Cette prescription fut répétée depuis à plusieurs reprises ; elle montre à quel point le cours des temps et la force des choses avaient mélangé les deux classes, soit en faisant monter dans la première les propriétaires libres opulents, soit en faisant descendre dans la seconde les chevaliers qui avaient laissé se diviser leurs domaines[1]. Il est remarquable que, en moins d'un siècle, le principe de la primogéniture déjà appliqué aux tenures en chevalerie, devient la règle coutumière pour les tenures ordinaires, dites en *socage*. Le Kent et quelques autres districts font seuls exception. Voilà

1 STUBBS, III, 545.

bien l'indice que la distinction entre les tenures ne correspondait plus à une distinction tranchée entre les personnes. C'est en grande partie la même classe qui possédait la terre à ces deux titres; elle appliquait dans les deux cas le même régime successoral. En somme, dès le treizième siècle, les chevaliers paraissent avoir pris en grande majorité les goûts et les mœurs d'une simple classe de propriétaires ruraux[1]. L'organisation militaire qui prévaut à la fin du quatorzième siècle marque le terme de cette évolution. Le service obligatoire et gratuit imposé aux terres de chevalier a disparu[2]; l'impôt qui le représente cesse d'être perçu. Le

[1] Déjà, en 1074, dans l'espèce de manifeste répandu par les barons normands contre le roi Guillaume Ier, il est parlé sur un ton d'envie des Anglais qui cultivent en paix leur terre, boivent ou tiennent table, tandis que leurs vainqueurs sont obligés de faire la guerre sur le continent. (STUBBS, I, 291.) — *Nolens vexare agraries milites.* (Charte de Henri II.)

[2] STUBBS, III, 540.

noyau de l'armée royale, celle qui fait les expéditions au dehors, se compose de barons remuants et belliqueux qui réunissent autour d'eux des gens de pareille humeur. Ils vendent au Roi, à deniers comptants, le secours de leurs régiments d'aventuriers. Le gros des anciens chevaliers se tient de plus en plus à l'écart de ces bandes de condottieri. Beaucoup ne portent même plus le titre de chevaliers, ce sont des esquires, des gentlemen « capables d'être faits chevaliers », dit une ordonnance de 1446, qui prescrit de choisir parmi eux, faute évidemment de chevaliers en titre, les candidats aux places de shérif. Ils portent cependant les armes, mais c'est avec toutes les autres classes de la nation et pour le maintien de la paix dans leur comté. Une ordonnance enjoint à tout homme libre de s'armer selon sa fortune, les uns avec la cuirasse, le bouclier et la lance, les autres avec la simple

cotte de mailles ou le pourpoint. Ils forment une sorte de gendarmerie intérieure[1],
de garde nationale qui ne repose plus sur
l'ancienne base féodale, et dont les fonctions sont toutes civiles et de police. C'est
surtout la persistance de l'esprit et de la
vocation militaires qui a conservé à la noblesse française, jusqu'en 1789, une position à part au milieu des autres classes de
la nation. Ici, l'esprit militaire a disparu,
si ce n'est chez quelques grands seigneurs
d'aventure destinés à s'entre-détruire et à
disparaître avant le seizième siècle. A
partir du quinzième siècle, on peut dire
que la masse de l'ancienne chevalerie anglaise n'est plus qu'une haute classe rurale
dans laquelle figurent, avec des droits
égaux, tous les propriétaires libres impor-

---

[1] Aux termes d'un acte 25, éd. III, ch. viii, il n'est
pas permis de faire sortir cette milice de son comté, sauf
dans un cas de pressante nécessité constaté par le Parlement, — ni du royaume, en quelque cas que ce puisse être.
(GNEIST, I, 209.)

tants du comté[1]. Le Pogge[2] les dépeint à cette même époque adonnés à l'agriculture, vendant la laine et le croît de leurs troupeaux, estimant sans honte de s'enrichir par cette voie et jugeant de la noblesse d'après la fortune.

On voit combien il est vrai de dire que le régime féodal, dans le sens précis de ce mot, n'a pas existé en Angleterre. Premièrement, les grandes *satrapies* provinciales n'ont pas eu ici occasion de se produire. Des deux autres éléments politiques de la féodalité, l'un, la justice domaniale, n'a eu qu'un développement restreint, sans vigueur et sans durée; elle n'a que bien rarement dépassé en étendue les limites d'une juridiction manoriale et ne s'est jamais élevée en compétence à la

---

[1] L'un des griefs de l'armée, aujourd'hui même, est que ses membres les plus distingués, à moins qu'ils aient un titre ou qu'ils soient décorés d'un ordre, n'ont aucun rang défini dans la hiérarchie des préséances.

[2] LE POGGE, *De nobilitate.*

dignité de la haute justice[1] ; de très-bonne heure, elle a plié et s'est effacée devant les tribunaux royaux, et le quatorzième siècle ne la connaît pour ainsi dire plus. L'autre élément, le fief militaire, s'est, dans le siècle même qui l'avait vu se produire, affranchi de l'obligation du service des armes moyennant une redevance spéciale qui n'a pas tardé à perdre son nom et à se confondre dans l'ensemble de la taxation civile[2]. Aucun *escuage* n'a été levé, selon Coke, après la huitième année d'Édouard II. Le reste des charges, celles-ci purement fiscales, qui pesaient sur les tenures en chevalerie, paraissaient déjà surannées sous Jacques Ier. Elles sont définitivement abolies par commutation financière sous Charles II, et toutes les tenures sans exception sont ramenées au type de la propriété libre ordinaire,

---

[1] GNEIST, I, 111, et STUBBS, I, 399.
[2] STUBBS, II, 522.

dite *en socage*. Il n'y a plus de terre féodale en Angleterre à partir de 1660.

Les éléments civils du régime foncier n'ont pas été plus lents à s'affranchir et à prendre un caractère moderne. La fin du quatorzième siècle voit naître et gagner rapidement la pratique du fermage ; elle est devenue générale au commencement du seizième siècle ; or, cette forme de tenure apparaît, dès le principe, comme absolument purgée de tout caractère féodal ; elle repose sur des rapports purement économiques, et c'est le principe de la liberté des contrats qui en fournit toutes les formules [1]. Certains droits excessifs, réservés aux propriétaires, ne remontent nullement au moyen âge ; les plus rigoureux sont une invention tardive de l'aristocratie foncière ; ils datent du dix-huitième siècle. Quelques auteurs citent

---

[1] Pollock, *Land laws*, p. 137.

volontiers, comme le signe d'un profond
et persistant esprit féodal, une autre forme
de tenure : les *copyholds*. Ils se laissent
tromper par l'apparence. Les *copyholds*
sont, d'après la théorie courante, des
concessions révocables en principe, faites
par le seigneur à des serfs et grevées de
charges d'une diversité extrême, où l'on
retrouve presque tous les types de nos
droits féodaux. Ces concessions acquirent
très-vite un titre régulier et la perpétuité.
Elles embrassaient, à la fin du seizième
siècle, le tiers du sol anglais ; il s'en est
maintenu un grand nombre jusque vers
le milieu du dix-neuvième siècle, sans que
le législateur s'inquiétât de remanier cette
tenure imparfaite. Mais si l'on considère
que ces *copyholds* étaient souvent dans
les mêmes mains que les *freeholds,* c'est-
à-dire que les tenures libres [1] ; que quel-

---

[1] Les lois sur le cens d'éligibilité au Parlement, sur le
cens des *magistrates* des comtés, ne font pas de différence

ques-uns appartenaient à de très-grands
seigneurs; que, depuis longtemps, leurs
possesseurs ne formaient, à aucun degré,
une classe spéciale ; que les charges des
terres soumises à ce genre de tenure s'é-
taient à ce point allégées que le système
a pu coexister avec une agriculture progressive, et qu'il a été seulement un objet
de paisible critique, jamais un sujet de
plaintes et de griefs, on reconnaîtra que
le régime féodal ne s'est survécu, même
ici, que par des « technicalités » juridiques et nullement par des réalités ayant
une valeur politique et sociale[1].

Quant aux éléments mixtes, à la fois

entre les *freeholds* et les *copyholds ;* le revenu foncier
qu'elles exigent peut reposer sur l'une ou l'autre forme de
tenure, indistinctement.

[1] La persistance du vocabulaire et des rites féodaux est
même ici une preuve que le fond des institutions avait
cessé d'être féodal. Si l'on a pu conserver sans opposition
ces formes surannées, c'est qu'elles ne gênaient rien et que,
sous ce rideau, les choses s'étaient assez modifiées en leur
substance pour s'adapter aux besoins de la société
moderne.

civils et politiques, de la féodalité, j'entends le droit d'aînesse et les substitutions, ils n'ont pas rencontré meilleure fortune. Le système de grande propriété aristocratique qu'on observe aujourd'hui n'est nullement un legs du moyen âge, c'est une création du dernier siècle. Il y a plus de trois cent cinquante ans que la liberté testamentaire était devenue la règle (sous une restriction destinée à disparaître en 1660) et avait refoulé le droit d'aînesse dans les successions *ab intestat.* Il y a près de cinq cents ans que la subtilité des légistes avait fourni le moyen d'affranchir la terre par des procédures collusoires, et procuré en fait aux possesseurs des domaines une faculté de disposition très-étendue[1]. L'Angleterre a été, avant

[1] Il est instructif de suivre, même au moyen âge, les efforts du Parlement pour établir et maintenir le régime des substitutions. L'insuccès constant de cette politique indique bien la direction et la force du sentiment public.

Tous les légistes anglais, juges de *common law,* juges

tous les autres États, un pays de propriété libre, de moyenne et de petite tenure. Le

d'équité, praticiens, se montrent tour à tour les adversaires de ces restrictions au droit de disposer. Chaque siècle voit sortir de leur esprit fertile des fictions interprétatives, des procédures collusoires qui mettent à néant les prohibitions statutaires. Ils n'ont pas dépensé dans cette œuvre moins d'énergie que les légistes français pour l'agrandissement du pouvoir royal. De bonne heure après la conquête, la liberté de tester a cessé d'exister, et la primogéniture est la règle commune pour toutes les tenures. Sous Édouard I*r, l'acte fameux *De donis conditionalibus* fait échec à la liberté d'aliéner pour toute une catégorie de fiefs[1] et introduit les substitutions perpétuelles ; mais les jurisconsultes trouvent sans peine les moyens de l'éluder ; et la cour de chancellerie se prête de bonne grâce à leurs subterfuges. Nous n'avons pas à décrire ici en détail l'expédient des *common recoveries*, celui des *fines* et enfin la fiction magistrale des *uses*. L'effet des *uses* est de dépouiller pour ainsi dire de sa substance la propriété légale, d'en conserver pourtant le nom et la forme, et de créer, sous ce couvert, une possession pourvue de tous les avantages effectifs de la propriété, mais placée en dehors des relations féodales et inconnue à la *common law*, dont les prohibitions et les pénalités ne l'atteignent pas. Il paraît que plus de la moitié des terres du royaume avaient fini par être possédées à ce titre, c'est-à-dire par sortir de la féodalité et entrer pratiquement dans les conditions de la propriété moderne. On pouvait vendre, léguer, partager les terres tenues à titre de *uses ;* en fait, elles passaient généralement à l'aîné. C'est le régime

---

[1] Il serait aisé de démontrer que cet acte n'a pu être appliqué que sur une étendue de terre très-restreinte. (POLLOCK.)

régime actuel de *latifundia* et de majorats n'a commencé à fleurir qu'après la restauration ; il est fondé non sur la loi, mais sur les mœurs, et procède d'une poli-

qui a duré jusqu'à Henri VIII. Le point faible est qu'elles échappaient à la confiscation ; la couronne dut donc se préoccuper de les faire rentrer dans le droit commun. L'acte de 1535 les abolit ; mais les mœurs y étaient si bien faites qu'à peine supprimées, elles reparaissent en substance sous un autre nom, *trusts,* et obtiennent de nouveau la connivence de la cour de chancellerie. Dans l'intervalle, l'émotion causée par la menace de les voir disparaître a forcé la main du législateur. Il a consacré en 1540 la liberté de tester. Elle n'est accordée d'abord que partiellement, mais elle le sera complétement et pour toutes les terres, par l'acte de Charles II qui abolira les tenures en chevalerie. La fin du dix-septième siècle trouvera la propriété féodale fondue définitivement dans la propriété civile moderne. Ce qui est à retenir de cette longue histoire, c'est qu'à peu d'exceptions près, sous les régimes nominalement les plus restrictifs, la terre anglaise a toujours pu se diviser, changer de mains, grossir le lot de ceux qu'une exploitation intelligente avait mis en état de s'arrondir, ou passer à des marchands enrichis qui aspiraient à prendre pied dans les comtés. M. Brodrick mentionne la fréquence des litiges fonciers au quinzième siècle comme une preuve que la mobilité et la divisibilité ont été longtemps les caractères marqués de la richesse foncière en Angleterre. A coup sûr, un pays ne peut être suspect d'esprit féodal, lorsqu'il s'est montré si empressé à détruire les effets politiques du régime qui porte ce nom, si habile à en écarter les effets économiques.

tique délibérée des classes supérieures. Encore les tribunaux se sont-ils hâtés de restreindre l'effet utile des substitutions à la vie d'une personne née, plus une période de vingt et un ans. C'est moins que ne permettaient, en France, les institutions d'ancien régime. Les substitutions modernes se sont développées sur l'espace étroitement mesuré par le législateur et les juges; ceux-ci ont tenu la main à ce que chaque génération fût mise à même de *reconsidérer* l'arrangement et de régénérer, s'il lui plaît, la propriété complète; si le système se perpétue en fait, c'est uniquement par la volonté et le choix des héritiers successifs. De notre temps, une série de statuts ont dispensé l'héritier d'observer les clauses antiéconomiques de ces *settlements* et lui ont restitué, éventuellement, les principaux droits que sa condition de quasi-usufruitier le rendait incapable d'exercer. Toute cette évolution des deux derniers siècles, qu'on ne s'y trompe pas, n'a rien à voir avec le système féodal antérieur ; elle est l'effet d'une grande entreprise aristocratique, laquelle a fini par provoquer une réaction démocratique, toutes deux entièrement modernes dans leurs causes et nouvelles dans leur esprit.

Pour connaître tous les éléments du Parlement futur, il reste à considérer les villes. Le développement des agglomérations urbaines a présenté en Angleterre des caractères exceptionnels. Premièrement, la formation de grands centres paraît avoir été beaucoup plus tardive qu'en France. Ici, la liberté, un certain bien-être, les chances de s'enrichir ne manquaient pas dans les districts ruraux. Le séjour dans les villes n'était pas la seule voie ouverte aux classes inférieures pour améliorer leur condition. La vie urbaine exerçait donc une moindre attraction. Même au temps

de Charles II, il n'y a pas de ville très-
peuplée en dehors de Londres. A plus
forte raison n'y en avait-il pas au quatorzième siècle. D'ailleurs, l'Angleterre d'alors
n'était aucunement un pays industriel ;
c'était un pays agricole, et surtout pastoral, qui vivait de la vente de ses laines.
La grande majorité des villes avait le
caractère de bourgs ruraux [1]; leur population était identique, pour les occupations
et les mœurs, avec celle du reste du comté.
Les grandes villes, dépendant presque
toutes directement du Roi, avaient été
exemptes de ces luttes entre le comte,
l'évêque et les bourgeois, qui remplissent
l'histoire de nos communes. Elles avaient
reçu sans opposition leurs chartes de la
royauté. Aucun grief ne les indisposait
ou ne les prévenait contre les barons et

---

[1] « Les neuf dixièmes des villes de l'Angleterre proprement dite seraient considérés aujourd'hui comme des
bourgs ruraux et étaient, même alors, des bourgs ruraux. »
(STUBBS, 3, 395.)

les chevaliers de leur voisinage ; elles se confiaient à eux sans inquiétude et sans répugnance. Enfin, les réunions avec la noblesse du district étaient devenues familières aux bourgeois ; les règles administratives générales soumettaient, en effet, les villes aux autorités du comté pour les inspections de la garde nationale, pour les élections, et les obligeaient à se faire représenter en cour de comté, lorsque les assises étaient tenues par les juges ambulants. Il est remarquable qu'en 1360 les *justices of peace* établis pour tout le comté reçurent pareillement juridiction sur tous les centres urbains qui n'étaient pas munis d'une exemption spéciale. Conclusion évidente : il n'y a rien ici qui rappelle notre tiers état purement bourgeois, classe isolée, fermée sur elle-même, étrangère à la population rurale, dont elle ne fait que recueillir les fugitifs, à la fois haineuse et humble vis-à-vis de la noblesse provinciale qui l'entoure. Tout au contraire, les habitants de la plupart des villes anglaises se trouvaient unis et mêlés en mille occasions à toutes les autres classes d'habitants de leur comté ; une longue période de vie commune les avait préparés à s'entendre et à se confondre avec les chevaliers et les propriétaires libres leurs voisins.

IV

LE « SELF-GOVERNMENT » LOCAL ET LES
PROPRIÉTAIRES LIBRES. — LE PARLEMENT.

Nous voilà bien loin du Parlement,
mais nous allons y revenir par une voie
détournée. Tandis que la classe des chevaliers paraissait déchoir en perdant son
caractère militaire et ses titres féodaux,
et se mélangeait avec la classe immédiatement inférieure, les deux classes se rele-
vaient ensemble et acquéraient des titres
plus durables par une activité utile, par
des services rendus à l'État. C'est la justice ambulante, organe de la royauté, qui
a provoqué ce mouvement ascendant et
cette rentrée en scène. C'est cet instrument apparent de centralisation, aux

mains d'un pouvoir encore pauvre en moyens et en expérience, qui a suscité le *self-government* local sous sa forme actuelle, et préparé la classe moyenne rurale au rôle politique qu'elle a commencé à jouer un siècle plus tard. Déjà les premiers rois normands avaient remis en mouvement une vieille institution anglo-saxonne, la cour de comté. Cette cour, où étaient tenus de se réunir les prélats, comtes, barons, propriétaires libres, et en outre le maire et quatre habitants de chaque village, avait cette physionomie démocratique que présentent beaucoup d'institutions du moyen âge. Ses attributions étaient nombreuses et variées ; elle était à la fois cour de justice criminelle, cour de justice civile, cour d'enregistrement du transfert des domaines, lieu de publicité pour les ordonnances royales, bureau de recettes pour l'impôt. Ce système très-puissant en apparence et très-concentré ne tarda pas à montrer ses insuffisances. D'abord, les grands barons qui avaient des juridictions propres étaient exemptés de paraître aux réunions ordinaires. Les chevaliers obtinrent de bonne heure de nombreuses dispenses. Les villes ne manquèrent pas de faire inscrire la même immunité dans leurs chartes. Privée de ses meilleurs éléments, la cour de comté était en outre dépeuplée par les abstentions. L'institution des juges ambulants, régularisée en 1176, lui communique une vie nouvelle. Ces grands personnages, familiers de la cour du Roi, arrivaient dans les comtés avec les pouvoirs les plus étendus. Leurs commissions portaient qu'ils ne devaient se laisser arrêter, ni par les immunités des barons, ni par les franchises des villes. Quand ils siégeaient, celles-ci déléguaient douze bourgeois pour figurer à côté des autres éléments de la cour du comté, et les plus grands seigneurs comparaissaient au moins par mandataire. Toute la population locale, noble et roturière, rurale et urbaine, se trouvait ainsi réunie. Sous cette puissante impulsion, la cour de comté et les cours de hundreds furent à leur apogée au treizième siècle, et nul doute qu'elles n'aient contribué singulièrement à précipiter la fusion des races et des classes. Toutefois, cette grande affluence ne faisait que les rendre moins propres aux services multipliés d'une administration progressive. On n'administre point par une assemblée, on ne gouverne pas au moyen d'un club. Aussi les grands juges, en laissant subsister nominalement la cour de comté, ne tardèrent pas à la considérer comme un simple lieu d'élection pour les commissions de toute nature qui furent réellement chargées des affaires. De quels éléments étaient formées ces commissions, on peut le pressentir. Les grands juges ne voulaient généralement pas de bien aux barons, ils se défiaient du shérif, dont l'autorité était, en un certain sens, rivale de la leur. Étrangers au comté, ils avaient besoin d'une assistance locale et n'étaient pas en mesure d'organiser une bureau-cratie sédentaire. Force était donc de faire appel à la chevalerie du lieu, seule classe assez indépendante, assez éclairée pour leur prêter un utile concours. On les voit, en effet, prendre de plus en plus les chevaliers pour auxiliaires, et partager avec eux les pouvoirs qu'ils enlèvent au shérif ou à la cour de comté. Je ne puis entrer dans l'infini détail de ce transfert d'attributions. Successivement l'assiette et la perception de l'impôt, le contrôle de l'armement de la gendarmerie nationale, le soin de recevoir le serment de paix, l'instruction locale des crimes et délits, le choix du grand jury d'accusation, la par-ticipation aux jugements par l'organe du jury restreint, sont confiés à des commissions de chevaliers qui opèrent le plus souvent sous la direction des juges ambulants. La plus grande partie de ces attributions appartenait auparavant à la cour de comté et au shérif; celui-ci perd en outre en 1215 ses fonctions de juge royal criminel, transférées aux grands juges; à la fin du même siècle, il n'est plus guère qu'un agent d'exécution et de transmission aux mains de la justice ambulante.

On voit sans peine l'effet de cette révolution. L'activité de la chevalerie n'est plus concentrée dans la cour de comté. Cette classe n'est plus comme par le passé soumise au shérif, elle ne voit plus en lui le représentant le plus direct d'une royauté puissante. D'autres fonctionnaires plus élevés, mandataires plus immédiats du souverain, sont survenus; ils se sont adressés directement à elle, ont dépossédé

pour elle les anciens pouvoirs, ont ré-
clamé son assistance, appliqué sa bonne
volonté à mille objets et suscité un immense mouvement de progrès, dont eux
et elle demeurent à la fin les seuls organes.
En Angleterre, c'est la centralisation qui
a donné l'éveil à la décentralisation, au
self-government. En 1360, l'évolution
s'achèvera par l'institution des *justices of
peace*, nommés par la couronne et choisis
dans cette même classe locale de la chevalerie. Appelés d'abord à remplacer le
shérif dans certaines de ses attributions
de police, ils reçoivent incessamment des
pouvoirs nouveaux, acquièrent une juridiction criminelle aussi étendue en principe que celle des cours royales, dépos-
sèdent définitivement la cour de comté
par les sessions qu'ils tiennent quatre fois
par an, attirent enfin à eux toute l'administration locale, routes, ponts, prisons,
police administrative du travail, tutelle

des paroisses, assistance des pauvres.
Remarquez d'ailleurs que, pour tous ces
services administratifs et judiciaires nouveaux où la royauté fait appel à des
chevaliers, elle a soin de requérir, à leur
défaut, les autres propriétaires de terre,
et les services de ce genre se multiplient
si vite, pendant que le nombre des chevaliers va diminuant, que les suppléances
deviennent pour ainsi dire la règle. C'est
donc toute la masse des propriétaires
libres, squires, gentlemen autant que
chevaliers, qui se trouve associée à l'administration, et les siècles suivants ver-
ront de plus en plus cette classe active,
officieuse, appliquée, faire gratuitement à
elle seule tout le travail d'une immense
bureaucratie. L'assimilation est si bien
consommée au quinzième siècle, elle
s'étend si loin parmi les propriétaires
libres, que les rois sont forcés de protéger
contre l'invasion du menu peuple les

fonctions importantes dévolues à l'ancienne chevalerie. Des cens pécuniaires sont établis, surtout sous les trois Henri, à l'entrée de toutes ces fonctions ; ii y en a pour le jury, pour les grades dans la gendarmerie nationale, pour le mandat de juge de paix, pour l'électorat et l'éligibilité parlementaires. Lorsque le cens parait, c'est que les distinctions fondées sur la naissance et l'extraction ne subsistent plus et qu'il est devenu nécessaire d'en chercher d'autres dans la richesse. Ici, c'est la fortune foncière, principe de sélection excellent, qui constitue le titre à des priviléges dont le premier, singulièrement onéreux, consiste dans la gestion gratuite de tous les services locaux. Le second, justifié par le premier, le suivra de près : c'est la participation au pouvoir politique.

Cette classe éminemment non féodale est en effet dégagée dès la fin du treizième

siècle. Désignée à la reconnaissance du
public par la gestion de nombreux services locaux, aux captations des rois et
des puissants par son nombre et son influence, elle va par la force des choses
être appelée au Parlement. Il n'est pas
étonnant qu'elle incline à se tenir à part
des magnats militaires, imbus de l'esprit
anarchique et turbulent du moyen âge.
Elle est imbue d'un tout autre esprit, d'un
esprit déjà moderne ; elle est la gardienne
de la paix du Roi ; elle exerce ses pouvoirs
par commission de l'État, selon les termes
précis de la loi statutaire. C'est un élément en avance sur les autres de la société
future. Ainsi s'explique ce fait particulier
à l'Angleterre, la formation d'une seconde
Chambre largement recrutée par une
classe, celle des propriétaires fonciers, qui
ailleurs aurait pris rang avec la noblesse.
Une institution de ce genre n'aurait pas
pu naître sur le continent, où la noblesse,

n'ayant au-dessus d'elle qu'un pouvoir royal sans organisation, qui n'avait su ni l'employer ni l'assujettir, était restée à la fois si féodale et si militaire, si peu portée à se concevoir comme un organe de l'État et de la loi, si étrangère à des devoirs civils imposés par un texte, si fermée sur elle-même et si jalouse de ses priviléges, si peu faite en un mot pour trouver dans ses rangs des représentants accrédités du reste de la nation.

Nous voilà en mesure de comprendre comment s'est formé le Parlement anglais. Le noyau de cette assemblée, le premier cristal auquel les autres sont venus s'agréger, est ce *magnum concilium* où figuraient dès l'origine les grands vassaux ecclésiastiques et laïques. Je ne me mêle pas de déterminer à quel titre les premiers y siégeaient. Était-ce à raison d'un fief, d'une baronnie ou de leur caractère spirituel? Le fait, bien plus décisif ici que le dioit, est qu'ils appartenaient en grand nombre aux familles des grands vassaux, qu'ils avaient tous des domaines d'importance et de nature baronniale, soumis aux mêmes services et aux mêmes impôts que ceux de leurs collègues laïques[1], et qu'on les traitait volontiers de « barons comme les autres » (*sicut barones cæteri*)[2]. Ces deux ordres de magnats, rapprochés par tant de conditions communes, ont formé à eux seuls le grand conseil du souverain jusqu'au milieu du treizième siècle. La tradition de cette activité conjointe et prolongée a conjuré le péril d'une séparation tranchée entre les deux ordres de la noblesse et du clergé, cette même

[1] Les taxes sur les fiefs tenus par le clergé sont votées avec les taxes sur les fiefs tenus par les laïques. Les taxes sur les spiritualités sont votées ou octroyées à part. (STUBBS, II, 173.)

[2] Il est remarquable que « la position du clergé comme élément du commun conseil n'est pas définie par la grande charte séparément de celle des autres tenants *in capite* ». (STUBBS, II, 169.)

séparation qui paraît en France avec les États généraux et qui s'est perpétuée jusqu'en 1789. Là encore, la constitution précoce d'une aristocratie politique a eu des résultats d'un prix inestimable.

C'est environ trente ans après l'institution régulière de la justice ambulante que la classe des chevaliers, relevée par l'importance des devoirs qu'elle accepte et des services qu'elle rend à l'État dans l'administration locale, secondée et suppléée par toute la haute classe des propriétaires libres, commence à se rapprocher du Parlement. Ce n'est pas elle qui en demande l'entrée. La force des choses se charge de l'introduire. Devenue à ce point nombreuse, compacte, active, elle est une puissance que ni le Roi ni les barons ne peuvent négliger de concilier à leur cause. Ce sont eux qui vont la chercher, l'inviter, la presser. En 1213, au cours de la lutte qui aboutit à la grande charte, le Roi commence. Pour la première fois, quatre chevaliers, choisis dans chaque comté, sont cités à cette fin expresse de s'entretenir avec le prince des affaires de l'État. En 1215, la grande charte paraît laisser de côté le principe de l'élection et de la représentation. Après le roi Jean, il y a une période d'apaisement. On revient donc à l'ancienne procédure, et le grand conseil reste relativement aristocratique jusqu'en 1254, époque où la lutte s'aigrit de nouveau entre la royauté et le baronnage. Chacun des deux partis commence à sentir le besoin de trouver des alliés dans le reste de la nation. A cette date, deux chevaliers par comté sont convoqués; ils se rencontrent avec les procureurs du clergé paroissial, appelé de son côté pour la première fois à se faire représenter au Parlement. Jusque-là, les abbayes, les prieurés et les églises cathédrales étaient seuls appelés avec les pré lats. Le rôle de tous ces nouveaux venus est encore bien humble ; ils sont là pour écouter, pour apprendre et rapporter dans les comtés et dans les paroisses les résolutions prises par le grand conseil. Il ne paraît pas qu'ils délibèrent ; on les congédie au cours de la session, et l'assemblée des magnats continue à débattre sans eux les grandes affaires, dont ils n'ont pas à connaître.

Quoi qu'il en soit, nous retrouvons les uns et les autres en nombre variable, irrégulièrement et à de longs intervalles, dans plusieurs des Parlements subséquents, en 1261, 1264, 1270, 1273. En 1295, la convocation, à raison de deux par comté, est passée en coutume, et, à la même date, une formule spéciale est adoptée pour la convocation des représentants du clergé paroissial. Désormais aucun Parlement ne sera régulier sans cette double citation. Pendant le même temps,

un autre élément a obtenu l'entrée de
l'enceinte parlementaire. Les villes principales, surtout celles qui sont pourvues
de chartes, ont été convoquées en 1265
par Simon de Montfort. Trente ans après,
en 1295, une ordonnance royale les invite
à se faire représenter par deux de leurs
habitants, — citoyens ou bourgeois, —
et, à partir de cette date, une citation
régulière leur est adressée pour chaque
Parlement. 1295 est donc une date capitale. Le commencement du quatorzième
siècle trouve le Parlement constitué avec
tous les caractères d'une assemblée véritablement nationale, où figurent, plus
complétement même qu'à l'heure présente
(car il y a eu depuis des exclusions et des
déchéances), tous les éléments qui com-
posent le peuple anglais.

Que nous voilà loin de la France, où ni
les campagnes, ni le clergé paroissial n'ont
été réellement représentés pendant la plus

grande partie du moyen âge! Mais plus
considérable encore paraîtra la différence
si nous examinons de quelle manière les
éléments signalés plus haut se répartis-
sent, s'agrégent et se classent au sein du
Parlement. Au commencement, les bourgeois siégent isolément; au contraire, les
chevaliers des comtés se réunissent aux
barons ; cela est naturel, puisqu'ils représentent comme eux l'intérêt féodal
et rural. Le clergé vote alors séparément son subside. Cette répartition en
trois est celle qu'on observe en 1295.
Elle se reproduit en 1296, en 1305, en
1308. Elle est identique avec celle des États
de France à la même époque. Mais un
autre arrangement ne tarde pas à prévaloir. Les affinités les plus puissantes sont
en effet, d'une part, entre les barons et
les prélats, accoutumés depuis deux siècles
à délibérer en commun ; d'autre part, entre
les chevaliers et les bourgeois, les uns et

les autres électifs et concurremment élus
ou proclamés dans la cour du comté, où
ils se sont plusieurs fois rencontrés sous
la présidence des juges ambulants. Une
distribution conforme à ces tendances
prévaut de plus en plus. A partir de 1341,
les chefs du clergé (sauf en quelques circonstances rares) restent unis aux seigneurs laïques et forment avec eux la
Chambre des lords. A partir de la même
date, la fusion correspondante est accomplie entre les deux autres classes. Chevaliers et bourgeois forment ensemble la
Chambre des communes et ne se séparent
plus que dans un petit nombre de cas
exceptionnels, dont il n'y a plus d'exemple après le quatorzième siècle. Quant au
dernier élément, le bas clergé, le clergé
paroissial, il fait également partie de la
Chambre des communes, mais il ne tarde
pas à devenir moins assidu et à s'écarter.
Sa pauvreté, les devoirs de son ministère

le retiennent au loin. Il se sent d'ailleurs plus à l'aise dans les propres assemblées du clergé, les *convocations* de Canterbury et d'York, auxquelles il est cité par les deux primats et où il forme comme une sorte de chambre basse. La coutume s'établit que la part de l'Église dans les subsides soit votée là et non plus au Parlement. Dès le milieu du quatorzième siècle, le bas clergé a donc déserté la Chambre des communes, où demeurent seuls et maîtres les éléments séculiers de la représentation rurale et urbaine. Les chefs du clergé, encore très-puissants à la Chambre des lords, où les abbés et les prieurs doublent et triplent le nombre des évêques, voient avec indifférence ces humbles curés de paroisse disparaître de cette Chambre des communes, dont ils ne soupçonnent pas encore les destinées et la future prépondérance. C'est ainsi que le Parlement anglais, constitué dans ses éléments en

1295, nous apparaît cinquante ans après organisé et distribué selon trois principes qui le distinguent profondément de nos États généraux de France : 1º la division en deux Chambres, qui croise et brouille la division des classes, accentuée au contraire en France par la distinction des trois ordres. — Aucun ordre n'est seul dans une même Chambre ; ils sont mêlés deux par deux ; il leur est impossible de s'isoler dans un esprit de classe étroit et exclusif. 2º La réunion dans la Chambre basse de l'élément urbain avec un élément rural très-ancien, très-puissant, très-actif et originairement rattaché au baronnage. — Pareille fusion est ce qui a le plus manqué à notre tiers état purement citadin, composé d'hommes nouveaux, tous personnages civils, magistrats des villes ou légistes, étrangers à la propriété de la terre et à la profession des armes. Faute d'une classe moyenne agricole, il n'a jamais pu

combler le fossé qui le séparait de la noblesse; il est demeuré dans son isolement
et n'a pas cessé de traverser ces alterna-
tives de timidité et de violence, qui sont
l'infirmité commune de toutes les classes
nouvelles, sans alliances et sans traditions.
3° Enfin le caractère laïque prédominant
de la haute assemblée, dont une branche
ne contient aucune représentation ecclésiastique, tandis que cette représentation
est mélangée dans l'autre à l'élément séculier, ne siége qu'en vertu d'un titre séculier, — le fief baronnial attaché aux évêchés
et à certaines abbayes, — et se pénètre ainsi
à un très-haut degré du sentiment national
et de l'esprit de la société civile.

V

LES TUDORS. — EXTINCTION DE LA NOBLESSE FÉODALE. — CHUTE DE L'ÉGLISE ROMAINE. L'ANGLETERRE MODERNE.

Dès le milieu du quatorzième siècle, le Parlement existe donc sous la forme qui lui est restée. La période des Lancastres voit commencer, la période des Tudors voit s'accomplir une deuxième étape dans l'évolution politique de l'Angleterre. La composition des classes sociales, l'ordre de dignité établi entre elles, leur importance relative dans l'État subissent alors un changement profond. Il s'établit, pour ainsi dire, une stratification nouvelle qui résistera à toutes les secousses postérieures et qui sert encore d'assise à l'Angleterre contemporaine. Deux faits surtout ont achevé de fixer le caractère de la société politique et ont poussé leurs conséquences, à travers deux révolutions, jusqu'à l'immense transformation industrielle et rurale de l'Angleterre au dix-huitième siècle; ce sont l'extinction de la noblesse féodale et la chute de l'Église romaine.

Nulle part le baronnage n'a plus souvent changé de nature et de consistance qu'en Angleterre. On a vu la bande de soldats pillards qui avaient accompagné ou suivi de près Guillaume Ier, décimée par la guerre et par les confiscations, se recruter d'hommes nouveaux, issus en général de ministres et officiers d'État des rois normands et angevins. Cette noblesse de justice et d'administration avait des traditions d'ordre et de gouvernement; c'est elle qui a donné le ton aux grands vassaux du treizième siècle, qui a organisé la résistance légale et armée; c'est sous son inspiration que le baronnage s'est groupé, est devenu sensible à des intérêts plus éloignés et plus généraux, a rallié la nation tout entière et s'est constitué en une aristocratie politique.

Voilà une première transformation. Un siècle et demi après, fond et dehors, tout est différent. La féodalité s'est assise en apparence; elle se fonde sur la primogéniture, devenue la coutume générale, et sur des statuts qui tendent à garantir tant les droits de réversion des seigneurs dominants sur la terre, que le service militaire ou pécuniaire attaché aux tenures. On a pu voir que toute cette organisation a finalement manqué son but. La chevalerie jette un voile brillant sur une société où l'égoïsme, la cupidité et la cruauté ne sont pas moindres que dans l'âge précédent, et où ces fruits de corruption ne sont plus rachetés par les jets d'une séve héroïque. A cette société préside une haute

noblesse extrêmement réduite en nombre.
Les anciennes baronnies se sont, ou divi-
sées en petits domaines, ou accumulées
en apanages entre les mains de quelques
familles, celles-ci issues ou alliées de la
maison royale. La dissolution répétée des
tenures baronniales brouille et annule les
titres territoriaux de la pairie, et, par un
effet connexe, l'élément purement formel
de cette dignité, le fait de la convocation
ou de l'institution royale prend la valeur
d'un titre complet et se combine avec le
principe de l'hérédité, alors en crédit et
en progrès. On peut fixer approximativement à 1295 l'époque à partir de laquelle
le fait de la convocation à la Chambre des
lords commence à être considéré comme
le titre d'un droit héréditaire, qui tend
naturellement à exister par lui-même et à
s'affranchir de toute condition de tenure.
L'évolution paraît terminée en l'année
1387, qui voit la première création de

pairs par lettre patente[1]. La Chambre des lords reçoit à cette époque l'organisation qu'elle a conservée jusqu'à nos jours.

D'autre part, ce baronnage d'apanagistes, du sang de la maison royale, ne tarde pas à se diviser en deux factions rivales, groupées autour de prétendants au pouvoir ou à la couronne ; aucun sentiment sérieux des droits ou de la légitimité de leur chef, aucun attachement sincère à sa personne ne jettent l'une contre l'autre ces deux moitiés de la noblesse ; l'intérêt, considéré brutalement, un immense appétit de spoliation, un besoin de haine qui cherche un prétexte pour s'exercer, sont les motifs peu déguisés de toutes leurs démarches. Pendant toute la longue période qui va de Richard II à Henri VII, ils jouent aussi au jeu cruel de la guerre et du hasard, conspirant, se trahissant

[1] STUBBS, II, 181. — III, 437.

entre eux, se massacrant les uns les autres sur les champs de bataille, décapitant le lendemain ceux que les chances du combat ont épargnés. La Chambre des lords n'est qu'un lieu de station provisoire pour la faction qui a réussi à proscrire l'autre, et à côté d'elle, un roi de fait (*king de facto*), consacré peut-être par une révolution d'hôtel de ville, invoque pour la forme un droit auquel personne ne croit plus. En face de ces pouvoirs factieux et instables, la Chambre des communes, seul pouvoir permanent et largement national, reçoit des circonstances une sorte de rôle arbitral[1]. Ces porteurs de titres litigieux ne peuvent demander qu'à elle un crédit précaire. Encore timide, incertaine, étonnée de ce qui lui échoit ainsi sans qu'elle l'ait cherché, elle exerce, pendant plus d'un siècle, une autorité

---

[1] STUBBS, II, 307.

prépondérante. Ses archives se remplissent de précédents ; ses fastes s'illustrent de revendications ; son règlement s'enrichit de pratiques libérales : pures formes sans doute et qui ne gardent pas à elles seules la substance de la liberté politique (on l'a bien vu au siècle suivant sous les Tudors), mais qui en perpétuent pour ainsi dire l'appareil, en sorte que le jour où les circonstances redeviennent favorables, on le retrouve tout monté et prêt à la main. Le droit de fixer les termes mêmes de la loi au lieu d'en indiquer seulement le sujet par des doléances et des vœux, le privilége de voter toutes les natures de taxes, celui de contrôler l'emploi des fonds publics, la priorité des communes en matière d'impôt, le contrôle sur la nomination des officiers d'État, en un mot, toute l'immense prérogative future de la Chambre basse paraît au cours de cette période, se fixe en partie, annonce ou prépare par quelques exemples mémorables ce qui ne peut pas se fixer encore.

Cependant, les luttes inexpiables des grands nobles ont eu le résultat qu'il était facile de prévoir. La guerre des Deux Roses, qui remplit la seconde moitié du quinzième siècle, leur fournit une carrière où se déploient plus à l'aise que jamais leurs habitudes de violence ; ce sont eux qui la prolongent de leur plein gré sous le prétexte d'un intérêt dynastique à la fin épuisé. Peu semblables aux condottieri italiens, les barons anglais ne se ménagent pas. Ils s'entre-détruisent et s'exterminent à plaisir, tandis qu'ils ont soin d'épargner les gens des communes. Des familles entières s'éteignent ou sombrent dans la masse anonyme de la nation ; leurs domaines, confisqués ou en déshérence, vont grossir le domaine royal. Après que Henri VII a étouffé les derniers mouvements de la rébellion et fait châtier par la Chambre étoilée les seigneurs encore suspects d'entretenir des bandes armées, le baronnage est extrêmement réduit; le Roi ne convoque pas plus de vingt-neuf pairs laïques à son premier Parlement[1]. La vieille noblesse normande et féodale n'est plus; les barons héroïques de la grande charte se survivent à peine dans quelques héritiers contestables; leurs grands domaines sont divisés ou sont retournés au fisc. Une nouvelle classe se présente alors pour remplir les vides, cette classe moyenne rurale qu'on a vue se former par la fusion des chevaliers avec les propriétaires libres.

---

[1] GNEIST, *Verfassungsgeschichte*, 476. — De l'ordonnance de convocation du premier Parlement de Henri VII, on a induit un peu témérairement qu'il ne restait alors que vingt-neuf pairs temporels. Le nombre des pairs de cet ordre ayant titre pour être convoqués ne paraît pas être tombé brusquement si bas. GREEN (II, 14) fait remarquer que le nombre des pairs à l'avénement de Henri VII était le même qu'à l'avénement de Henri VI. Mais il y avait eu depuis longtemps diminution notable. Le chiffre à peu près constant sous les Lancastres est de quarante à cinquante pairs laïques. STUBBS, III, 442.

Elle forme déjà la partie dirigeante de la Chambre des communes. C'est dans ses rangs que Henri VII choisit presque tous les nouveaux pairs. Une pairie presque entièrement renouvelée dans sa substance, étrangère aux habitudes et aux traditions de la noblesse antérieure, instituée par fournées assez considérables, étroitement dépendante de la royauté qui la crée de rien ou de peu et qui l'enrichit de ses dons, voilà le spectacle que nous présente la fin du quinzième siècle. Je ne vois rien qui soit *politiquement* plus comparable à la Chambre des lords du temps de Henri VIII que le Sénat de Napoléon Ier, composé en majorité d'hommes nouveaux, créatures du souverain. Ces « champignons de pairs », dont le despote parlait si dédaigneusement, l'Angleterre les avait connus à l'époque des Tudors. La Chambre des lords, pendant toute cette période, en est peuplée. Mais Napoléon ne voyait que le présent. L'oligarchie superbe qui devait, deux siècles plus tard, mettre la royauté anglaise en tutelle et faire de la liberté politique un instrument à son profit, est issue de ces humbles parasites. Tant est grande la vertu du temps et de l'hérédité !

Une altération non moins profonde se produit dans la situation du haut clergé. Au lendemain de la conquête, Guillaume le Conquérant avait organisé la juridiction ecclésiastique à part de la juridiction commune. Le clergé devient le juge des crimes et des délits de ses propres membres, et cette immunité le constitue en société autonome et distincte à côté de la société civile. Dans les convocations de Canterbury et d'York, tous les clercs se réunissent à l'appel de leurs archevêques, élaborent des statuts pour leur ordre et bientôt votent séparément les taxes pesant sur les spiritualités (dîmes et oblations).

L'Église n'est pas seulement indépendante, elle a pied sur le domaine des
laïques ; ses chefs sont membres du *magnum concilium*. Le droit canon s'est dé-
veloppé avec une ampleur savante ; toutes
les causes où un élément religieux est
impliqué : les testaments, les mariages,
et finalement tous les contrats, tombent
de bonne heure sous la compétence des
tribunaux spirituels. Naturellement, la
richesse rejoint la puissance. C'est un
calcul accepté au moyen âge[1] que le clergé
possède le tiers des terres du royaume.
Les congrégations, particulièrement les
Cisterciens, ont des revenus comparables
à ceux d'un État. Les libéralités dont
l'Église bénéficie sont sans mesure, et
c'est son génie subtil, comme son exemple,
qui dirigent d'abord la main des légistes
appliqués à introduire le coin dans le

---

[1] Notamment en 1380.

régime foncier féodal. La papauté est naturellement tentée de mettre la main sur cette forte organisation et sur ces immenses ressources. Il semble que nulle part les prétentions de Rome n'ont été plus exorbitantes, son avidité plus insatiable, ses actes d'ingérence plus imprudents. Les circonstances lui avaient par deux fois, sous Guillaume Ier et sous Jean [1], donné un titre apparent pour traiter l'Angleterre en fief du Saint-Siége. On la voit lever directement des tributs sur le clergé, parfois même sur les laïques, multiplier avec art les appels à la curie, s'emparer de la nomination à un nombre immense de bénéfices, les conférer à ses créatures italiennes.

La situation de l'Église dans les autres pays n'était pas très-différente de celle que je viens de décrire. Ce qui est à re-

---

[1] Stubbs, I, ch. xii. Le tribut imposé à Jean fut payé effectivement jusqu'en 1333.

marquer en Angleterre, c'est la résistance particulièrement résolue et efficace de l'esprit laïque. Or cet esprit, il ne faut pas s'y tromper, n'est pas ici pour son propre compte ; il fournit une issue à ce sentiment national dont j'ai montré les causes profondes et la singulière vivacité, et qui, mêlé à tout ou tirant tout à lui, prêtant à tout sa forme ou sa substance, ne pouvait pas manquer d'unir et de confondre sa propre querelle contre l'ingérence étrangère avec la querelle du pouvoir civil contre la papauté, du siècle contre l'Église[1]. Plusieurs circonstances ajoutent à

[1] La prohibition des dons de terres aux maisons religieuses paraît dès 1217 dans la grande charte. Mais ce n'est encore ici qu'une précaution destinée à protéger l'assiette de l'organisation militaire féodale. La séquestration de la papauté par Philippe le Bel paraît marquer le point de départ d'une recrudescence dans les sentimens d'hostilité des Anglais pour le siége de Saint-Pierre. L'orgueil national, en éveil et en arrêt, avive évidemment les soupçons et la défiance contre un pouvoir qui est devenu l'instrument d'un étranger voisin et puissant. (GREEN, I, ch. IV.)

sa force et le servent dans la lutte. Les hauts dignitaires ecclésiastiques, on l'a vu, sont de la même classe et parfois du même sang que les grands vassaux laïques; ils ont combattu avec eux et au premier rang, à l'époque de la charte des libertés. Ils subissent comme eux la pression de cette sorte de conscience extérieure qui tient tous les Anglais unis dans une même haine de l'oppression, dans une même suspicion contre l'étranger. Ils se comportent presque tous en hommes d'État plus qu'en chefs d'une corporation distincte, en Anglais plus qu'en princes de l'établissement romain. La Chambre des lords, où ils sont de beaucoup en majorité sur les pairs laïques, a pu se montrer moins complaisante que la Chambre basse aux attaques dirigées contre l'Église. Elle n'en a pas moins voté toutes les lois de défense de la société civile. Une sorte de préanglicanisme pénètre tout ce haut

clergé. Une autre circonstance non moins
propice est que le bas clergé ne siége pas
aux Communes ; il s'en est retiré volon-
tairement ou par l'ordre de ses chefs, et
délibère à part dans les *convocations,*
assemblées de nature et de forme purement ecclésiastiques. Trompés par la force
de leur position dans la Chambre dirigeante et dans le conseil, les prélats esti-
mèrent qu'ils suffisaient à tout et qu'ils
feraient sagement de ne pas laisser leur
clergé figurer dans l'autre assemblée politique où, moins nombreux que les laïques, il pourrait subir à l'occasion la loi
des majorités. Ils déclinèrent obstinément
toute représentation dans la Chambre des
communes ; ils firent prévaloir l'usage de
traiter dans les *convocations* toutes les
affaires concernant l'Église. Ils se sentaient là plus maîtres de leur milice, plus
libres de faire leurs conditions au Roi
dans l'intérêt du corps entier dont ils

étaient les chefs. On ne peut pas surestimer, si grandes qu'on les imagine, les conséquences d'une telle faute. Le nom de l'Église, son autorité, l'influence de ses lumières, les ressources de son génie inventif, aucune de ces forces ne se trouva présente et active dans l'Assemblée dont les circonstances allaient faire de plus en plus l'organe de l'esprit national. Les prélats laissèrent cet esprit se développer, s'enhardir, combattre, vaincre, et, en chacun de ces progrès, sentir le clergé comme étranger aux vœux du pays, indifférent à ses efforts. L'Église finit par ne plus compter dans les espérances et les plans politiques d'un peuple qui était resté, d'ailleurs, profondément religieux; ou plutôt on ne vit plus d'elle que les abus dont elle profitait, les avantages immenses qu'il était si naturel de lui envier, sa connivence ou au moins sa solidarité apparente avec Rome. Ainsi s'ex-

plique le mouvement parfaitement continu
et progressif de résistance et d'offensive
qui se dessine de bonne heure dans le
Parlement contre l'Église et qui se pour-
suit jusqu'au seizième siècle. La grande
révolution d'alors n'est que l'écroulement
final d'un édifice depuis longtemps battu
par le bélier et miné par la sape[1]. Cette
fin avait été annoncée et préparée par
d'innombrables ordonnances et statuts
contre la mainmorte, contre les empiéte-
ments des tribunaux spirituels, contre les
appels en cour de Rome, contre l'ingérence
du Pape dans la nomination des évêques.
Wicleff[2] et les lollards avaient, au quatorzième et au quinzième siècle, soulevé

---

[1] Voir dans Stubbs les règnes d'Édouard II, d'Édouard III
et de Richard II. Tout le quinzième siècle abonde en
plaintes et en mesures de défense contre l'influence de la
cour romaine et du clergé. En 1341, les sceaux sont pour
la première fois confiés à un laïque. En 1371, le Parlement réclame des ministres laïques.

[2] Le *De dominio divino* date au plus tard de 1368.
(GREEN, I, 447.)

contre le haut clergé un mouvement d'o-
pinion populaire qui rencontra d'abord les
encouragements du pouvoir et que la persé-
cution qui suivit comprima sans l'étouffer.
La dynastie des Lancastres est favorable
à l'Église. La cour romaine ressaisit alors
l'exercice nominal de mainte prérogative
que les lois antérieures avaient fait profession de lui retirer. Mais elle n'en use
guère que pour la forme et selon le bon
plaisir de la couronne. Tout le quinzième
siècle nous montre ainsi le pouvoir spirituel en retraite et en déclin. La chute de
l'ancien baronnage laisse l'Église seule en
face du Roi tout-puissant, absente de la
Chambre basse, qui se défie d'elle, noyée
dans la Chambre haute parmi les créatures
de la royauté. Qui s'étonnerait qu'elle
n'ait pu que fléchir, lorsque la main de
Henri VIII s'appesantit sur elle?

La décade 1530-1540 voit s'accomplir
cette révolution capitale. Le Roi, mécon-

tent du Pape, sépare l'Angleterre du siége de Rome. Il se déclare chef suprême de l'Église, gardien et défenseur de la vérité religieuse. Les assemblées du clergé ne peuvent se tenir qu'avec son aveu; les canons ne prennent autorité que par sa sanction. C'est lui qui est, en son conseil, la juridiction suprême pour les matières spirituelles. L'hérésie même n'échappe pas à sa compétence. Cranmer estime que la couronne peut à elle seule faire un prêtre sans qu'aucune ordination soit nécessaire. Même après que cette opinion extrême a été abandonnée, il reste admis que les évêques reçoivent du prince seul l'investiture et ne gardent leur dignité qu'à son plaisir; une nouvelle commission leur est délivrée à chaque règne qui commence. Leurs revenus sont réduits. Ils ne font plus figure de grands seigneurs, et rien ne rappelle en eux l'ancien titre baronnial. A côté d'eux, les couvents et les abbayes ont vu confisquer leurs propriétés ; la couronne partage leurs dépouilles entre les nouveaux nobles, ses créatures. Toute la haute classe laïque se trouve plus ou moins intéressée au maintien du nouvel ordre de choses, qui lui a procuré ces riches dotations[1]. Un fait analogue s'est produit en 1789 dans la masse des paysans français après le partage des biens nationaux. La crainte de voir la dynastie restaurée revenir sur cette mesure révolutionnaire a servi de recommandation et d'apologie à des gouvernements détestables, et a fait entrer dans les instincts héréditaires du peuple une sorte de parti pris contre tout ce qui rappelle l'ancien régime. L'inconsciente poussée de l'égoïsme et de l'avarice sert pareillement de soutien et de contre-fort à la nouvelle Église de Henri VIII. Un intérêt

[1] HALLAM, *Const. hist.*, I, 58.

personnel et de famille contribue à retrancher et à fortifier la foi protestante contre tout retour des doctrines romaines. A partir du seizième siècle, les hauts dignitaires ecclésiastiques, naguère en majorité dans la Chambre haute[1], n'y sont plus qu'une minorité qui voit croître rapidement à ses côtés la pairie laïque. L'Église dont ils sont les chefs, après le Roi et par la volonté royale, n'est plus proprement l'ancienne Église apostolique, qui puise son autorité dans sa tradition et qui n'est que limitée par la loi. Elle est comme fondée à nouveau par un acte du pouvoir séculier ; elle reçoit de la loi son titre à l'obéissance des sujets anglais. Quoique le clergé conserve des dotations foncières et perçoive la dîme, il prend dès cette époque la physionomie et les caractères d'un clergé de fonctionnaires. Il ne rap-

[1] Hallam, *Const. hist.*, 1, 54.

pelle plus à aucun degré l'Église des An-
selme, des Becket, des Langton, ou même
des Arundel et des Beaufort; il se rap-
proche plutôt du clergé français tel que
l'a fait la Révolution, c'est-à-dire du clergé
rétribué, soumis à l'État et à la loi, et con-
trôlé de très-près par le pouvoir civil. Il
tombera même bien plus bas, beaucoup
trop bas, parce qu'il ne peut pas se récla-
mer, comme l'Église française, du siége de
Rome, et qu'il ne se sent pas associé à la
grandeur et à la majesté de l'établissement
catholique. Il faut lire dans Macaulay[1]
l'histoire des humiliations du clergé anglais au dix-septième siècle, particulièrement de ces ecclésiastiques inférieurs qui
vivent de privations, cachent leurs misères, et que les servantes seules daignent
épouser. Quoi qu'il en soit, les abus et les
dangers dont la société laïque se sent me-

[1] *History of England*, I, 323.

nacée, lorsque l'Église réunit un grand
prestige spirituel, un crédit politique considérable et l'influence attachée à d'immenses propriétés foncières, peuvent être
considérés comme écartés définitivement
à l'avénement d'Élisabeth. L'œuvre violente que la révolution de 1789 a entreprise en France contre le pouvoir ecclésiastique n'a pas été épargnée à l'Angleterre;
mais elle était accomplie dès le milieu du
seizième siècle. La royauté s'en était
chargée, de la même main dont elle avait
achevé, trois siècles avant nous, une
autre œuvre de 1789, commencée par la
guerre civile : la ruine de la vieille noblesse féodale et l'élévation d'une classe
moyenne politiquement et socialement
comparable à la bourgeoisie moderne.

On démêle maintenant pourquoi les
Anglais, s'ils n'ont pas évité une période
de pouvoir arbitraire, n'ont pas eu besoin, pour s'en délivrer, d'une révolution

politique, économique et sociale analogue à la nôtre. Dès le seizième siècle, l'Angleterre était en possession de toutes les réformes essentielles que nous attendions encore en 1789, qu'il nous a fallu payer très-cher et que nous avons même manquées en partie, pour avoir dépassé le but dans l'élan qui succédait à une souffrance trop longtemps endurée. Trois paradoxes résument toute cette histoire. L'intensité extrême du pouvoir royal, dans un siècle encore barbare, a donné à l'Angleterre un Parlement, représentant d'un pays homogène, organe d'un gouvernement libre. La concentration précoce de la haute féodalité en un corps d'aristocratie politique lui a donné l'égalité devant la loi et l'impôt, et l'a préservée des priviléges abusifs d'une noblesse de sang. Le développement hâtif de la centralisation, personnifiée dans les juges ambulants, à une époque où un établissement bureaucratique sédentaire était impossible, lui a donné l'administration du pays par lui-même, a suscité, exercé, consolidé le *self-government* local aristocratique. Un peu plus tard, les traditions anarchiques de l'ancienne féodalité avaient disparu avec ses derniers représentants à la suite de la guerre des Deux Roses, l'Église avait pris une place subordonnée dans l'État au-dessous de l'autorité civile, et la Chambre des communes, par l'effacement des deux grands pouvoirs qui forment le contre-poids naturel de la royauté, avait, pendant un siècle au moins, exercé un rôle arbitral et prépondérant.

Qu'une société si avancée politiquement n'ait pas échappé au despotisme, cela montre bien ce que peuvent au juste les institutions prises en elles-mêmes, c'est-à-dire séparément des hommes qui les mettent en œuvre, et ce qu'il est autrement chimérique d'en attendre. Les institutions, l'Angleterre les avait au complet

pour ainsi dire ; les rapports constitution-
nels des grands facteurs politiques étaient
pleinement établis ; c'étaient les *hommes*
qui manquaient aux *choses*. Parmi les lords
spirituels, aux prélats noblement apparentés [1], hommes d'État, conseillers publics,
diplomates, avaient succédé d'obscurs théo-
logiens, hommes de doctrine, heureux de
jouir en paix de leurs prébendes [2]. Parmi les
lords temporels, des courtisans, des parvenus, des enrichis, avides de titres et d'argent, enchaînés par des libéralités récentes,
avaient remplacé les grands nobles jaloux
d'exercer le pouvoir. Naturellement, les
plus considérables parmi les nobles nouveaux étaient de ceux qui eussent figuré
à la Chambre des communes ; celle-ci per-
dait ainsi son élite et ses guides. L'ancien

---

[1] MACAULAY, *History of England*, I, p. 373.

[2] Il est remarquable qu'après la réforme, aucun prélat
anglais n'ait plus joué un rôle politique considérable,
alors qu'en France les plus illustres de nos premiers ministres ont été des hommes d'Église.

personnel de chaque *estate* étant épuisé,
l'établissement politique se trouvait dans
la condition d'une usine où la maîtrise et
les compagnons exercés à diriger chaque
grand appareil auraient disparu dans un
accident. Des équipes de rencontre avaient
été embauchées, elles restaient interdites
devant ces rouages, y portaient la main
gauchement et trouvaient enfin plus court
et plus sûr d'obéir aveuglément au maître.
Cela dura cent cinquante ans. Mais la
machine n'en subsistait pas moins avec
tous ses organes, elle invitait la main,
elle se prêtait à des essais, elle contribuait
à exercer, à enhardir, à discipliner par
degrés un personnel nouveau.

On a fait remarquer que le siècle des
Tudors est, dans la forme, beaucoup plus
parlementaire, non-seulement que le siècle
qui a suivi, mais que le siècle qui a pré-
cédé. C'est une période de législation
abondante, presque intempérante. Le

centre effectif du gouvernement est le *conseil du Roi*; les grandes résolutions se prennent là; mais elles vont toutes se faire consacrer dans les Chambres et y revêtir la forme statutaire. Les rois les envoient volontiers au Parlement; ils ne craignent guère d'y rencontrer une opposition; ils savent que tout y sera souple à leur main, empressé à leur complaire. La faiblesse des hommes contribue ainsi à préserver l'institution, à la maintenir en mouvement ininterrompu. Le Parlement garde sous cette dynastie despotique l'exercice apparent de tous ses droits. L'organe attend, intact et mobile, que la fonction reprenne vie. Voilà pourquoi la liberté a été si prompte à renaître.

Dès que les *estates* eurent reconstitué leurs cadres, le despotisme ne put pas subsister. Il tomba en 1648, se releva, tomba encore, et définitivement, en 1688. Le propre de ces deux révolutions, c'est que, pour asseoir le gouvernement libre qui suivit, elles n'eurent aucun ressort politique à créer, aucune relation nouvelle à établir entre les pouvoirs, aucun changement à introduire dans la hiérarchie sociale, aucun privilége reconnu à détruire. Tout le nécessaire existait déjà ; il n'y manquait que des volontés capables de le faire mouvoir, des mains habiles à le mettre en œuvre. On ne distingue, dans ces deux grandes crises, ni une opposition et une guerre de classes, ni les haines inexpiables qu'engendrent des abus trop longtemps supportés, ni les grands enthousiasmes théoriques que suscite un trop long jeûne de réformes. Elles laissèrent après elles, non pas des progrès positifs, — de ceux que le juriste se plaît à enregistrer, — mais plutôt une vie nouvelle, empruntée aux éléments dès lors consistants et solides dont s'était reformée la substance des grands pouvoirs. La vraie révolution commence sans bruit au moment où la révolution violente s'achève.

Le dix-huitième siècle tout entier et le premier tiers du dix-neuvième siècle sont occupés par une profonde transformation économique et sociale qui retentit dans la région des pouvoirs publics. C'est une seule et même oscillation en deux temps. Par sa première impulsion, elle développe pendant un siècle la plus tyrannique des oligarchies, humilie la royauté, énerve à la fin les libertés publiques. Puis, par une sorte de répercussion et de retour, qui devient surtout sensible à partir de 1832, elle entame la domination aristocratique avec les forces immenses, lentement ralliées, de la société industrielle, et développe une démocratie qui paraît destinée à imprimer de plus en plus son caractère à toutes les institutions.

Les chapitres suivants auront charge de ce sujet qui veut être repris et traité d'ensemble. Au point où nous sommes parvenus, ce qu'il importe de retenir et de fixer, — ce qu'il a peut-être valu la peine d'élucider et de prouver avec une certaine ampleur, — c'est que l'Angleterre avait, avant les autres peuples, achevé sa croissance de corps politique, qu'elle s'était, la première, dégagée substantiellement de la féodalité, dont elle a gardé en partie les formes, et que, dès l'époque des Tudors, elle se présente avec les caractères d'une société adulte et moderne, en possession des notions de l'État et de la loi, de tous les organes du gouvernement représentatif et parlementaire et du principe de la suprématie du pouvoir civil.

DEUXIÈME PARTIE

L'ANGLETERRE
AU SEIZIÈME ET AU DIX-SEPTIÈME SIÈCLE

I

VUE GÉNÉRALE DU SUJET. — LES TROIS RÉVOLUTIONS.

L Angleterre traverse actuellement une des grandes crises de son histoire. Le parti radical a emporté, en 1884, le dernier retranchement qui fermait aux classes inférieures l'entrée du Parlement. Le suffrage universel existe en fait, quoique le mot n'ait pas été prononcé et que la chose ait été plus ou moins habilement dissimulée sous la pluralité et la variété des qualifications électorales. Quel usage le

nouveau souverain a-t-il fait et se pré-
pare-t-il à faire de sa force et de ses droits?
Déjà, en moins de dix ans, les pouvoirs
administratifs de la gentry dans les comtés
ont presque entièrement disparu ; la propriété terrienne a été attaquée dans ses
modes aristocratiques de possession et de
transmission : le principe sur lequel elle
repose est profondément ébranlé. Les
Anglais vont-ils passer à leur tour par
l'épreuve des lois agraires? L'épreuve a
déjà commencé en Irlande, et la voilà qui
tourne à la liquidation forcée des domaines
aristocratiques. On répète volontiers que
les priviléges menacés sont un reste de
l'époque féodale ; c'est, dit-on, le moyen
âge qui s'est survécu dans le régime du sol,
dans l'administration paternelle des comtés.
L'erreur est profonde ; il n'y a plus guère de
féodal, en Angleterre, depuis les Tudors,
que quelques formes juridiques, des mots
et non des choses. Les abus qu'il s'agit

de réformer : cet excès de concentration dans la propriété de la terre, cet excès d'arbitraire dans la juridiction de l'aristo-cratie locale, ne datent pas de si loin ; ce sont les effets de la grande révolution qui s'est accomplie au dix-huitième siècle.

Cette révolution est en général mal connue. Les historiens ne la mentionnent pas toujours. Il semble que tout ait été consommé par les deux révolutions du dix-septième siècle. Celles-ci occupent — et méritent sans doute — une place d'hon-neur dans les fastes politiques de l'An-gleterre ; elles ne doivent pas y figurer seules. Elles ont tout préparé ; elles n'ont rien accompli.

L'histoire est comme une voûte sonore ; le meurtre ou l'expulsion d'un roi font un bruit qui l'emplit et s'y répercute. Le dix-huitième siècle ne connaît point de tels fracas ; il est pauvre en sujets de tra-gédie. La comédie bourgeoise qui le remplit est d'une parfaite platitude; jusqu'à sa dernière phase, elle est remarquable seulement par l'extraordinaire médiocrité des hommes et des événements. Cette période n'en est pas moins celle où la société politique s'est renouvelée jusque dans ses profondeurs, où la constitution s'est complétée et fixée sous la forme que nous connaissons. Le dix-septième siècle a ouvert la voie; c'est le dix-huitième qui a fourni l'étape. D'Élisabeth à Charles II et à Guillaume III, les rapports des classes sociales entre elles n'ont pas changé sensiblement; le mécanisme du gouvernement parlementaire ne s'est enrichi d'aucun rouage. C'est le contraire de Guillaume III à Guillaume IV. Dans cet intervalle, une classe a disparu entièrement, une autre a surgi; l'économie de la société tout entière a été bouleversée; le gouvernement auquel obéit cette société ne s'est pas transformé moins profondément. Il fonctionne à la fin par des ressorts et avec des mouvements presque inconnus de l'âge qui précède.

Considérons les principes et les droits sur lesquels repose le gouvernement libre. Les plus importants ne sont pas énoncés dans l'*instrument* même où la Révolution de 1688 a inscrit ses conquêtes; ceux qui sont énoncés ne sont accompagnés d'aucune garantie pratique, corroborés par aucune sanction positive. La presse, pour commencer par les moyens d'action les plus généraux du citoyen, demeure soumise à la censure. Celle-ci ne tombera qu'en 1695, et par des raisons qui n'ont rien à voir avec la liberté d'opinion.

Les associations, les réunions religieuses, celles au moins des catholiques, sont soumises à un régime dont la rigueur, loin de se relâcher, ira d'abord croissant après 1688. Les réunions politiques semblent ignorées de la loi et des mœurs; le premier meeting mentionné par l'histoire est de 1769 [1].

Le système réprésentatif va se restreignant et se faussant d'année en année, au cours du dix-huitième siècle, par l'usage des bourgs pourris. L'*habeas corpus,* sauvegarde de la liberté personnelle, date d'avant la Révolution (1679). L'inamovibilité des juges ne sera emportée qu'en 1700 par l'acte d'établissement, et pour entrer en vigueur seulement avec la nouvelle dynastie. Nous voici dans le Parlement; la publicité des débats parlementaires, cette première condition du gouvernement libre, est et demeure prohibée; les Chambres délibèrent dans le secret, et jusqu'en 1771, il n'y aura que des comptes rendus voilés, furtifs, plus d'une fois punis, de la discussion et des votes.

Contre l'arbitraire de la couronne et

[1] BUCKLE, II, 109.

le gouvernement personnel, les défenses constitutionnelles datent toutes du dix-huitième siècle. Aujourd'hui, il est de principe que le Roi ne gère lui-même aucun département des affaires publiques; il n'agit que par l'organe et sous le contre-seing d'un ministre. Ce point n'est nullement acquis après 1688, Guillaume III sera, dans toute la force du terme, son propre ministre des affaires étrangères. Aujourd'hui, le Roi n'est plus présent aux délibérations des ministres. Ils discutent, transigent et s'entendent entre eux. Il n'a jamais à se prononcer que sur des mesures arrêtées dans toutes leurs parties et au sujet desquelles l'accord s'est fait sans lui au sein du cabinet. Ce point n'est nullement acquis après 1688. La reine Anne assistera assez régulièrement aux séances, y déclarera sa volonté et préviendra toute contradiction en congédiant brusquement ses conseillers[1]. Aujourd'hui le droit de *veto* de la couronne est tombé en désuétude. Ce point n'est nullement acquis après 1688. Le droit de *veto* sera exercé pendant tout le règne de Guillaume III et jusqu'en 1707 Aujourd'hui les ministres font partie des Chambres et sont responsables devant elles. Ce point n'est nullement acquis en 1688. Les idées sont même si incertaines à cet égard qu'en 1700, le Parlement croira assurer son indépendance en excluant les ministres de la Chambre des communes. Cette mesure impolitique sera ensuite rapportée en 1705. C'est en 1739 seulement que l'irresponsabilité de la couronne et la responsabilité des ministres seront reconnues pour la première fois dans un débat public[2]. Aujourd'hui, les ministres forment ensemble un cabinet homogène. Ce point n'est nullement ac-

---

[1] HARDWICKE, *State papers,* II, 482.
[2] HALLAM, III, 171. Note.

quis après 1688. Tout le dix-huitième siècle voit encore se constituer des cabinets où se juxtaposent des opinions divergentes, et souvent, jusque sous George III, le caprice du Roi y introduit et y maintient un favori en opposition avec la majorité du ministère. Ç'a été le cas de lord Thurlow dans plusieurs administrations successives. Le principe que les membres d'un cabinet doivent être de la même couleur politique ne paraîtra pleinement établi qu'après le commencement du siècle.

Est-ce à dire que les deux grandes crises du dix-septième siècle n'aient apporté aucun tribut immédiat à la constitution politique? Non certes; elles ont d'abord interrompu la monarchie de droit divin qui avait commencé avec la théocratie anglicane; elles lui ont substitué une monarchie contingente et contractuelle qui, née d'une révolution, s'est trouvée avoir en quelque sorte le même *état civil* que les libertés politiques recon-quises et n'en a plus été séparée. Elles ont décidé ensuite que cette monarchie serait parlementaire, c'est-à-dire que le Parlement exercerait un contrôle effectif sur les actes du pouvoir et aurait le dernier mot. Tout est sorti de là ; mais rien n'en est sorti qu'avec le temps et à la faveur d'une transformation économique et sociale qui est l'œuvre propre du dix-huitième siècle. Cette monarchie parle-mentaire, par exemple, sera-t-elle aristo-cratique ou démocratique ? — Un Parle-ment peut être l'un ou l'autre. — Quelle classe aura la prépondérance sur les autres ? Quelle part ou quels dédommagements se-ront ménagés aux classes moins favorisées ? Le Parlement, qui a le dernier mot, aura-t-il aussi le premier ; en d'autres termes, sera-t-il seulement une commission de contrôle ou deviendra-t-il un corps gouvernant? Dans ce cas, par quels procédés le but du gouvernement sera-t-il atteint? Comment seront conciliés le principe d'une eprésentation nationale, les prérogatives de la couronne, les conditions de célérité, de discrétion et de suite qu'exigent les affaires, la dignité et l'indépendance des hommes d'État qui les dirigent, la responsabilité des ministres vis-à-vis des Chambres ? Toutes ces questions capitales, encore pendantes après 1688, n'ont été résolues qu'au cours du dix-huitième siècle par une lente élaboration.

Deux mots suffisent pour caractériser en les opposant les révolutions du dix-septième siècle et celle qui, commencée vers 1760, se clôt en 1832. Les premières ont été des révolutions purement politiques ; la seconde a été politique et sociale. Le propre d'une révolution sociale est d'être précédée, préparée, suscitée par un nouveau départ de la richesse, des mérites et du prestige entre les classes et dans chaque classe. Sa tâche est d'opérer une sorte de *péréquation* du pouvoir, de l'influence politique, de les mettre en rapport avec la distribution modifiée des forces économiques et des titres moraux. Les deux révolutions du dix-septième siècle n'avaient eu rien de tel à accomplir. Elles procédaient de griefs élevés par *toute la nation* contre les entreprises abusives de la couronne; elles visaient à maintenir un antique état de possession constitutionnelle, à le défendre contre des nouveautés fâcheuses, à retrouver et redresser les bornes enfouies de l'autorité, à prendre des sûretés contre elle pour l'avenir. En un sens et par leur esprit initial, elles étaient des restaurations de l'ancien droit public. Elles n'avaient d'adversaires que des princes prévaricateurs et n'ont eu à changer que la dynastie. La révolution profonde ne devait point se faire et ne s'est point faite alors. On peut dire avec une exactitude suffisante qu'elle commence seulement à poindre et à paraître après la Restauration, qu'elle se développe et mûrit pendant la première moitié du dix-septième siècle, qu'elle éclate après 1760 par une transformation agraire qui n'a de comparable que cette « immense translation de propriété » qui allait se faire en France trente ans plus tard dans le sens opposé, qu'elle se complète par les effets d'une croisade de vingt ans contre la Révolution française, qu'elle concentre enfin dans les mains d'une société rurale extraordinairement raréfiée tout le pouvoir politique, et cela au moment même où une puissante société industrielle, précipitamment développée en moins d'un demi-siècle, devient la force économique prépondérante. Pendant toute une période, on peut voir, établis côte à côte sur le même territoire, comme deux peuples

distincts, avec deux doctrines économiques
et presque deux droits civils différents,
l'un maître du gouvernement et de la loi,
l'autre pour ainsi dire en dehors du pays
légal; jusqu'au jour où la nation urbaine
et manufacturière, grossie de tout ce que
perd sa rivale, revendique sa part d'influence et fait prévaloir un esprit nouveau
dans la direction des affaires.

II

LA COLONISATION, LE COMMERCE ET L'IN-
DUSTRIE AVANT LE DIX-HUITIÈME SIÈCLE.

Pour embrasser ces changements dans
leur ensemble et pour en saisir les véritables causes, il faut d'abord reprendre
les choses de plus haut, rejoindre la société anglaise sous les Tudors, au moment
où elle se constitue avec des caractères
presque modernes, en sonder profondément la structure et la suivre jusqu'à
l'entrée du dix-huitième siècle dans les
façons et formes successives qu'elle reçoit
des événements. Les limites des différentes classes, l'esprit qui les pénètre,
les rapports et les voies de passage de

l'une à l'autre, leurs degrés de richesse, de bien-être et de liberté, leurs priviléges et leur rôle dans l'État, leur position vis-à-vis de la couronne et du Parlement doivent être marqués au moins de quelques traits rapides.

L'historien n'échappe jamais complétement aux impressions du présent. Il s'étudie en vain à les écarter, elles reviennent, le suivent, l'entourent, et l'esprit le plus consciencieux les mêle sans le vouloir à l'idée qu'il cherche à se former du passé. Au seul nom d'Angleterre, on se représente une puissante métropole coloniale, des possessions semées dans les deux mondes, des vaisseaux innombrables qui sillonnent les mers et font escale en terre anglaise sur tous les continents; une capitale immense qui compte plus d'habitants que l'Écosse, qui bientôt en comptera autant que l'Irlande; en dehors de Londres, 20 villes de plus de cent mille âmes,

42 autres qui les serrent de près; des districts entiers où les maisons gagnent sans cesse et se rejoignent, refoulant, resserrant entre elles, étouffant enfin l'air libre et la verdure; des milliers d'usines qui mêlent leur fumée; une blême population de travailleurs pressée presque coude à coude sur un rayon de plusieurs lieues, grossie le soir des fantômes que vomit la ville noire creusée sous leurs pieds. Quelque chose subsiste de ces fortes sensations quand nous essayons de nous figurer l'Angleterre d'un autre âge. Nous ne parvenons pas à voir le vide et à entendre le silence à la place où ce prodigieux atelier, ce comptoir affairé, cet entrepôt et ce dock universels fourmillent aujourd'hui de bruit et de mouvement.

L'original de ces images est pourtant de date récente, et l'Angleterre des Tudors en était pour ainsi dire le contre-pied. Au commencement du dix-septième siècle, les Anglais sont encore, autant ou plus qu'aucun autre peuple de l'Europe civilisée, une société sédentaire, agricole et pastorale, qui tend même à devenir plus pastorale qu'agricole. La nation qui devait un jour se montrer si ardente à émigrer, si habile à créer des établissements sur des territoires vierges, n'a aucune possession hors d'Europe avant les dernières années d'Élisabeth. La première de ses expéditions qui n'aboutit pas à un désastre est de 1606. Les Espagnols, les Portugais, les Hollandais, les Français l'ont devancée et continueront, pendant plus d'un siècle, de rendre incertaine sa haute fortune coloniale[1].

La colonisation ne prend de l'ampleur

[1] L'émigration anglaise, très-restreinte au début, avait augmenté après 1620. Mais, « dès que le long Parlement se réunit, le courant cessa, et il n'y eut ensuite, pendant un siècle, qu'une émigration si peu active de l'ancienne Angleterre dans la nouvelle, qu'elle ne compensait même pas le mouvement de retour des colons qui abandonnaient la colonie ». V. Seeley, *Expansion of England.*

qu'à partir de la Restauration[1]. C'est sous Charles II que des établissements stables fondés ou acquis en Caroline, en Pensylvanie, à New-York, en Delaware, complètent l'occupation de la côte américaine jusqu'à Charleston. En 1688, toutefois, les Français détenaient encore les deux grands fleuves, le Saint-Laurent et le Mississipi, et les chances paraissaient au moins égales entre eux et leurs rivaux. La balance ne penche décidément en faveur des Anglais qu'au dix-huitième siècle. A cette même époque, ces derniers ne possèdent dans l'Hindoustan que quelques comptoirs. Leur première acquisition de territoire en dehors de Bombay est de 1757 (Porter). Quelques années plus tard, ils

[1] A l'époque de l'acte de navigation, New-York et New-Jersey étaient hollandais, la Géorgie, les Carolines, la Pensylvanie, la Nouvelle-Écosse n'étaient pas colonisées. La Virginie, le Maryland, la Nouvelle-Angleterre étaient dans l'enfance. — TOYNBEE, *Industrial Revolution*, page 78.

auront fondé un immense empire indien sur les ruines et à l'image de celui que Dupleix avait commencé pour la France. Une phrase et deux dates résument cette histoire : l'Angleterre ne commence à compter comme grande puissance coloniale que vers la fin du dix-septième siècle; elle n'est hors de pair qu'à partir de 1763.

Le commerce suit un mouvement presque parallèle. Au début de la période, sous les Tudors, il vient seulement de faire retour aux nationaux; il avait été pendant tout le moyen âge entre les mains d'étrangers, Lombards, Hollandais, et surtout de la Hanse, dont les priviléges exorbitants ne furent supprimés que sous Édouard VI. En 1640, plusieurs écrivains s'expriment comme si le commerce eût été chose inconnue en Angleterre avant Burleigh et Jacques Ier. La littérature du sujet n'existe pour ainsi dire pas avant le dix-septième siècle; elle devient assez abondante à partir de 1625, — c'est l'époque des premières grandes compagnies maritimes incorporées, — et trahit certaines prétentions à l'empire des mers. L'acte de navigation de 1651 marque pour la première fois la conscience claire et dégagée de l'avenir promis au commerce anglais. Toutefois il faut pousser jusqu'à la fin du siècle pour que l'Angleterre balance à peu près l'importance commerciale des Pays-Bas. Même en 1694, elle est obligée de leur disputer la pêche dans ses propres eaux, et, en 1690, un auteur appelle les Hollandais « les maîtres dans le domaine du commerce[1] ». A la même époque, le taux courant de l'intérêt est de 8 pour 100 à Londres, de 3 pour 100 en Hollande. La prépondérance commerciale de l'Angleterre ne deviendra incontestable qu'au cours du dix-huitième siècle.

[1] Child, *New discourse on trade*, 1690, p. 114.

Le développement de l'industrie a été plus tardif encore. A l'époque des Tudors, elle est à peu près nulle. Les ambassadeurs vénitiens écrivent que l'Angleterre est un pays riche et signalent les sources de cette richesse : ce sont encore moins, disent-ils, les mines d'étain et les produits directs d'un sol très-fertile, que la laine qui est connue et recherchée pour sa finesse sur tous les marchés d'Europe. Presque toute cette laine, les Anglais se contentent de la produire et de l'expédier brute dans les Pays-Bas : ce sont les Flamands qui la travaillent.

En plein seizième siècle, l'Angleterre continue d'être pour les Flandres ce que l'Australie est aujourd'hui pour le West-Riding. Londres tient la place de Sydney, Gand et Bruges celle de Leeds et de Bradford[1]. Cependant les persécutions

---

[1] SEELEY. *Expansion of England*, V, p. 85.

religieuses de l'Espagne dans les Pays-Bas viennent de jeter de l'autre côté de la Manche un grand nombre d'ouvriers flamands (1568). L'Angleterre entreprend maintenant d'ouvrer elle-même une partie de ses laines. C'est la période dite de Norwich qui s'ouvre, elle embrassera tout le dix-septième siècle. Notez bien que cette unique manufacture est alors toute l'industrie anglaise; il n'y en a pas d'autre importante et prospère sur tout le territoire des îles Britanniques. Vers 1700, Berkeley l'appellera encore « la base de notre richesse nationale », et en 1701 elle ne formera pas moins que le quart de tout le commerce extérieur.

A la même époque, la fabrication du coton ne fait que commencer. En 1750, elle ne dépassera pas une valeur de 50,000 livres sterling. Adam Smith, qui écrit en 1776, ne la mentionne qu'une seule fois, incidemment, comme si elle ne comptait pas[1]. Vers 1750, le fer vient encore de Suède jusqu'à concurrence des quatre cinquièmes, et la production anglaise de ce métal n'excède pas 17,000 tonnes. On ne connaît d'ailleurs que la fonte au bois. Les applications mécaniques de la vapeur étant ignorées, l'exploitation des charbonnages reste peu abondante. Houille, fer, coton, ces trois produits retranchés, que reste-t-il de l'Angleterre que nous connaissons? La mer, qui baigne une ligne étendue des côtes et qui s'y insinue par tant de golfes et d'estuaires, fournit une admirable voie de communication extérieure. A l'intérieur, la circulation des marchandises est libre sur toute l'étendue du territoire ; ce sont deux avantages enviables que l'Angleterre a sur la France. Mais la viabilité terrestre est très-

---

[1] BAINES dit que les machines employées en 1760 dans l'industrie du coton étaient aussi simples que celles de l'Inde. (*History of the cotton manufactory*, p. 115.)

imparfaite. Point de canaux (le premier sera construit en 1755). Des routes rares et mal entretenues; des services de voitures peu fréquents. Même à la fin du dix-huitième siècle, les voies de commerce n'étaient en maint endroit que des sentiers de campagne, trop sujets à se défoncer ou trop étroits pour les voitures lourdement chargées ; on y rencontrait de longues files de ballots de laine convoyés à dos de cheval. On n'imagine guère, à un siècle de distance, un état de choses si différent de l'état actuel.

Il y a un rapport général entre le développement du commerce et de l'industrie et celui des villes. Aussi, en dehors de Londres, le chiffre de la population urbaine est peu élevé. A l'époque d'Élisabeth, cet état tend à se perpétuer par l'effet de la réglementation excessive où se complaisent les corporations de marchands ou de maîtres artisans qui ont

presque partout le monopole des administrations municipales. A partir des Tudors et sous les Stuarts, le gouvernement
des villes est généralement tombé, avec
la connivence de la couronne, entre les
mains de petites oligarchies fermées qui
se recrutent elles-mêmes[1]. Ces coteries
jalouses et intéressées se prévalent d'une
loi d'Élisabeth qui interdit l'exercice d'un
métier à quiconque n'a point passé par un
apprentissage septennal. A la vérité, cette
loi ne vise que les métiers déjà existants
en 1563 et ne s'applique que dans les
villes et bourgs à marché. Elle suffit
néanmoins pour faire de toutes les vieilles
cités un sol singulièrement ingrat pour
l'industrie. L'artisan est rebuté par ces

[1] Un avis des juges de l'année 40-41 du règne d'Élisabeth tend à reconnaître à ces *select bodies* le pouvoir
règlementaire, avec le droit de nommer les fonctionnaires
locaux, et les autorise à prouver leur légitimité par usage
et prescription, « afin d'éviter le trouble et la confusion
de l'élection populaire ». GNEIST, II, 100 à 103.

sept années de servitude. Le capitaliste voit qu'il ne pourra pas appliquer un supplément de capital à ses affaires; il liquide et quitte la ville pour les champs. Le manufacturier, las de tant d'entraves et de chicanes, s'établit hors des murs et installe ses ouvriers autour de lui dans des cottages [1]. Aussi les anciennes agglomérations ne s'accroissent-elles pas sensiblement sous les Tudors et les Stuarts. Elles forment sur la carte quelques points noirs largement disséminés dans le blanc qui représente les campagnes. La même proportion se maintient à peu près jusqu'au dix-huitième siècle. A la fin du dix-septième, quatre millions de personnes sur cinq millions et quart vivent à la cam-

---

[1] C'est ainsi que de Worcester, l'industrie de la laine s'étendit à tout le Worcestershire, que l'industrie du drap se répandit dans les villages du Somersetshire et du Yorkshire, l'industrie de la fonte dans les villages sous bois du Sussex. — BRODRICK, *English land and landlords*, p. 31.

pagne. Il n'y a, en dehors de Londres, aucune ville de 30,000 habitants, et il n'y en a que quatre de plus de 10,000. Bristol, la seconde ou troisième ville du royaume, est réputée la seule où, de certains endroits, on ne voie que des maisons [1]. Les nombreux bourgs ou cités que la couronne investit alors du droit d'envoyer des députés au Parlement, sont pour la plupart de gros et parfois d'assez chétifs villages ruraux, où propriétaires et fermiers apportent leurs denrées pour les vendre. Les intérêts agricoles y dominent comme dans le plat pays ; les habitudes y sont celles de la vie des champs. D'une manière générale, les villes sont à l'époque d'Élisabeth, elles restent après la Restauration, une dépendance de la campagne. La vie urbaine, comme l'activité commerciale et industrielle, manque d'assiette, de

[1] MACAULAY, *Hist. of Engl.*, 1, 330.

séve et d'ampleur ; elle n'est pas en état de faire échec à l'antique suprématie du monde rural.

III

LA GENTRY.

Cette vue à vol d'oiseau sur la distribution des forces économiques n'atteint guère que les grands traits et les principaux reliefs. Il faut maintenant descendre des hauteurs pour considérer de plus près la condition des hommes et l'ordonnance des classes.

A la tête de cette société agricole et pastorale, la seule qui compte, achève de se dégager la *gentry,* la plus originale et la plus puissante des institutions qui ont formé le caractère national.

On sait que la noblesse féodale était à

peu près éteinte à la fin du quinzième
siècle, et que la pairie avait dû être re-
constituée avec des éléments pris dans la
couche immédiatement inférieure. Les
pairs nouveaux ne se séparent point de la
classe d'où ils sont issus. Ils ne font que
s'avancer un peu hors du rang. Ils recon-
naissent dans les autres propriétaires leurs
égaux de la veille, qui seront peut-être
leurs égaux le lendemain. Ces propriétaires ne sont pas humbles vis-à-vis de
leurs pareils plus favorisés. Chacun d'eux
sent en lui-même quelque chose d'analogue à ce qu'on appelait en France
« noblesse graduelle », laquelle se com-
plétait d'elle-même après deux générations
passées avec honneur dans un office public. Ici, l'office public est le gouvernement d'un grand domaine avec ses devoirs
de haute sociabilité, de patronage, d'intervention active dans l'administration
locale. Tous les riches *squires* sont pour

ainsi dire des pairs en expectative. Au quinzième siècle, l'unité sociale supérieur n'est pas la pairie, c'est la *gentry* rurale, pairie comprise[1]. La dignité de pair ne confère qu'une préséance parmi les gentlemen. Ce dernier mot, qui devient d'un usage courant à l'époque d'Élisabeth, n'est pas l'équivalent, — Macaulay l'a montré dans une page restée célèbre, — de notre mot de « gentilhomme »; il en est plutôt le contre-pied. Une tenure féodale ou l'anoblissement ne sont pas nécessaires pour conférer originairement la qualité de gentleman; le sang ne suffit pas pour la transmettre. La possession

[1] **A** propos des nobles qui seuls, d'après Fortescue, peuvent faire les frais de l'éducation de leurs fils dans les Inns of court, WATERHOUSE ajoute (p. 520) : These by the text are said to be « nobiles » and their sons sent thither « nobilium filii » ; which is to be understood not of the high nobility, the Peerage (though often their sons were thither sent...), but the sons of the *lower nobility, knights, esquires, gentlemen's sons who are* CHIEFLY THE « NOBILES » HERE.

d'une grande terre, les honneurs municipaux, le savoir et les talents du jurisconsulte donnent également entrée dans cette
sorte de noblesse ouverte ; la pauvreté
seule en fait déchoir. Aucun privilége ne
la distingue, aucune charge publique ne
lui est épargnée. Les mœurs n'auront plus
tard aucune violence à se faire, la loi
n'aura rien de nouveau à dire pour que
tous ceux qui participent d'une certaine
éducation et surtout de certaines habitudes, liées à un certain degré de fortune,
s'y trouvent admis comme de plein droit.

Au seizième siècle, les hommes nouveaux y abondent ; tous les témoignages
en font foi. Ce sont des marchands, des
magistrats de ville, des avocats ou même
des artisans enrichis, acquéreurs ou dona-
taires de biens ruraux, particulièrement
de domaines enlevés à l'Église. Ils « flai-
rent l'héritier dans la gêne », « achètent de
nobles pupilles », et en font des maris ou

des femmes pour leurs enfants[1]. Ces parvenus n'ont qu'un but : c'est de faire rendre le plus possible à la terre. Avec eux entrent en scène le gentleman et le fermier industriels et spéculateurs. Ce propriétaire qui vérifie si ses bœufs sont à point pour la boucherie, cette lady qui va vendre elle-même son beurre au marché voisin ou qui fait bail de la chasse de son mari, sont les représentants d'un âge nouveau. La vieille société s'étonne et se scandalise d'abord de leurs façons et de leurs mœurs, sauf à suivre un peu plus tard leur exemple[2]. L'opinion dès lors établie est que l'opulence est le souverain bien ; l'autorité se mesure, les rangs s'ordonnent d'après le revenu. C'est déjà

[1] V. *Crowley's Select works* (1550) et *Harrison's Description of England* (1577).

[2] Le Nord garde plus longtemps les anciennes coutumes, l'ancien mode de culture avec jachère, de même qu'il pratique la fidélité envers les chefs locaux et les suit dans leurs innombrables révoltes ; le courant moderne l'entraînera à son tour.

l'Angleterre contemporaine. Au quinzième siècle la limite inférieure de la gentry est déterminée par les cens fonciers qu'on voit paraître sous les trois Henri, particulièrement sous Henri VI, et fermer aux gens placés plus bas dans l'échelle sociale les fonctions dévolues à l'ancienne chevalerie. Lorsque le cens paraît, c'est que les distinctions fondées sur la naissance et l'extraction ne se soutiennent plus, que la loi et les mœurs les ont trahies, et que la haute classe sent la nécessité de chercher ailleurs une protection contre la concurrence des gens de peu qui s'enhardissent.

Ce sont généralement les hommes nouveaux, les derniers parvenus, qui sont les plus ardents à fermer la porte derrière eux. Un certain revenu foncier est exigé par exemple pour le grand jury, pour les grades dans la gendarmerie locale, pour les fonctions de *justice of peace*. Le

chiffre gravite autour de la rente mi
nimum assignée aux domaines de chevalier (20 livres). Ne nous y trompons
pas : la *gentry* est une classe privilégiée.
Seulement, c'est la richesse terrienne,
principe libéral de sélection, qui sert de
base à ce nouveau privilége, dont la frontière est d'ailleurs reportée à un niveau
assez bas et reste aisée à franchir. Plus
haut, l'homogénéité morale et sociale est
parfaite, l'égalité civile et politique est
presque absolue. La fille d'un comte ne
croira pas se mésallier en épousant le fils
d'un simple propriétaire foncier, plus tard
même le fils d'un négociant de la cité. Les
mots de dérogeance et de mésalliance
n'ont pas d'équivalent en anglais. Pour
quelques pairs sortis d'une souche féodale,
la Chambre des lords contiendra, au
temps de sir Ed. Coke, nombre de pairs
issus de jurisconsultes éminents. Tous,
rejetons de grands vassaux, rejetons de

plébéiens, ont voix égale dans les conseils du souverain. Les fils puînés de ces pairs et même leurs héritiers présomptifs se rencontrent à la Chambre des communes, sur un pied d'égalité, avec les représentants de la *gentry* rurale, avec les marchands enrichis des villes. C'est en 1549 qu'un fils aîné de lord briguera pour la première fois le mandat parlementaire. Père et fils ont leurs noms couchés sur le parchemin de la commission de paix côte à côte avec ceux des squires de leur comté et de quelques autres personnes versées dans la connaissance du droit. Le texte ne fait pas de différence des uns aux autres. Hormis à la Chambre haute, où il n'y a pas de place pour tous, tous indistinctement sont qualifiés par la loi pour toute fonction, tous sont appelés à exercer conjointement les pouvoirs publics à forme collégiale. L'admissibilité aux emplois, cette expression réputée française de l'é-

galité entre les citoyens, existe en Angleterre dès le seizième siècle pour tous les
gentlemen.

En résumé, tous les éléments supérieurs de la nation sont unis et confondus
en une seule classe, qui demeure ouverte
à l'accession graduelle des éléments ascen-
dants moins avancés dans leur formation.
L'aristocratie anglaise, au temps des Tudors et jusqu'à la fin du dix-septième
siècle, se présente donc avec les propor-
tions de ce que Royer-Collard appelait
plus tard en France la classe moyenne.
Elle a la surface et l'ouverture d'une ample
démocratie de censitaires ; elle est aussi
éloignée que possible du type étroit d'oligarchie vers lequel elle tendra à revenir
au dix-huitième siècle.

Le privilége de l'argent, la sélection
par la richesse, substitués aux distinctions
fondées sur le sang, sont le premier des
traits fondamentaux, dès lors distincts,

qui ne feront que s'accentuer jusqu'à nos jours. Deux autres faits, l'unité de l'État, l'autorité de la loi, succédant à l'autonomie anarchique de la féodalité, complètent la formule concise où se résument les caractères de la société anglaise à partir des Tudors. Ils se manifestent surtout à l'occasion des pouvoirs de justice et d'administration dévolus dans les comtés à l'élite de la gentry.

Au quatorzième siècle, les tribunaux locaux, dépossédés ou humiliés par les juges royaux, languissaient. En 1360, la couronne commence à désigner parmi les lords, les chevaliers, les esquires et les jurisconsultes, des personnages qui forment un collége pour tout le comté, reçoivent la charge d'y maintenir l'ordre et sont armés à cette fin de pouvoirs judiciaires et de police. Ce sont les *magistrates* ou *justices of peace*. Un peu plus tard ce choix, limité pendant un temps à des che-

valiers, peut s'étendre à tous les propriétaires qui payent un certain cens. Les
attributions des magistrates vont se multipliant avec les besoins d'ordre et de progrès
d'une société qui se développe. Instruction criminelle, police rurale, police du
travail, charité publique, hygiène, plus
tard, poursuites contre les papistes et les
dissidents, etc., tout va grossir leur
compétence [1].

Ce qu'il importe de marquer ici, et le
trait le plus caractéristique de cette juridiction, c'est qu'elle ne procède à aucun
degré de la juridiction féodale : elle n'en
est pas une forme altérée ou dégradée;
elle a plutôt l'air d'en être le contre-pied.
La juridiction féodale appartient en chaque

---

[1] Remarquons qu'ils tiennent chacun de ces pouvoirs
d'une loi expresse et spéciale ; ils ne les possèdent pas
implicitement à raison d'une quasi-souveraineté. Si
grande que soit leur puissance, ils n'administrent et ne
jugent qu'aux termes de mandats précis et limités consi-
gnés dans des actes du Parlement.

lieu à une seule personne ; la juridiction
nouvelle est collégiale. La juridiction féodale repose sur une concession définitive
de la couronne, elle est un véritable démembrement de la souveraineté ; la juridiction nouvelle repose sur une délégation essentiellement révocable : c'est une
simple commission de fonctionnaire. La
première n'admet le jurisconsulte que
comme un auxiliaire dépendant du seigneur ; la seconde l'admet sur un pied d'é-
galité avec les autres gentlemen, comme
si, par l'honneur qu'elle fait à l'élément
capacitaire, elle entendait marquer qu'il
s'agit ici d'un service public qui veut être
bien rempli. La juridiction féodale est
jointe habituellement à un droit émi-
nent de propriété sur toute la terre du
district où elle s'exerce ; la juridiction
nouvelle peut être déférée à tous les
grands propriétaires, nobles ou non, du
comté, qui justifient d'un certain revenu ;

et tous les magistrates sont compétents pour tout le comté et non pas seulement pour le district où s'exercent leurs droits manoriaux. La propriété n'est donc pas ici la base originaire de la justice et n'a point déterminé d'abord les limites de la juridiction, ce qui est un des traits essentiels de la féodalité; elle paraît comme un simple cens foncier destiné à garantir un intérêt de voisinage et une autorité morale suffisante dans la personne de l'administrateur et du juge. On voit une fois de plus dans cet exemple l'unité et la vigueur de l'État se révéler de bonne heure en Angleterre, le pouvoir central déposséder la féodalité et prendre pour instrument une haute classe foncière, qui confond et nivelle bientôt dans ses rangs tout ce qui reste de l'ancienne hiérarchie [1].

[1] Dans l'exercice de son immense pouvoir, la gentry rencontre d'ailleurs une limite et subit un contrôle. La limite, c'est l'autonomie paroissiale fortement organisée

La gentry est donc déjà au commencement du dix-septième siècle la tête dirigeante et le cœur vivant de la société anglaise. Tout mouvement vient d'elle, et tout aspire vers elle. Tout lui *accroît* en quelque sorte et tourne à son agrandissement.

La force de sa position, la sûreté et la

par Élisabeth et entretenue par l'activité d'une classe fière, nombreuse et capable de résistance, les yeomen. Le contrôle, c'est celui du pouvoir royal agissant par ses divers organes. Les Tudors, les Stuarts tiennent de très-court les *magistrates* des comtés ; ils leur parlent de haut par la bouche de leurs juges ; une procédure d'évocation devant les cours royales, le *certiorari,* s'applique d'une manière générale à tous leurs actes ; de plus, la section criminelle de la Chambre étoilée est prompte à les poursuivre en cas de prévarication, et la couronne elle-même à les destituer, s'ils ne la servent pas fidèlement. Ainsi, le self-government encore vivace et respecté des petites démocraties communales, la puissance encore intacte et ombrageuse de l'État les bornent dans les deux sens et préviennent les dangers d'une compétence trop étendue, d'un mandat presque illimité. Ce sont ces bornes que nous allons voir tomber ou s'abaisser au dix-huitième siècle. Un parti pris de confiance, une sorte de droit divin aristocratique nivelleront ces obstacles au régime de l'arbitraire, écarteront ces garanties jugées superflues.

solidité de ses prises sur l'esprit public ne se sont jamais mieux montrées que pendant la période la plus troublée de l'histoire d'Angleterre (1640-1688). En moins d'un demi-siècle, le peuple anglais voit se produire un grand conflit parlementaire, une guerre civile de huit années, un immense mouvement religieux, la condamnation et la mort violente d'un roi, l'établissement d'une république, la défaite des partis modérés, l'avénement des partis extrêmes, le despotisme militaire d'un grand homme, puis le cercle se fermer par le retour des princes légitimes et se rouvrir une dernière fois par une révolution dynastique. Cependant tant et de si grands événements laisseront après eux le centre de gravité politique fixé comme auparavant dans la gentry. Buckle essaye de prouver que la révolution de 1648 a été dirigée contre la noblesse et qu'elle est l'œuvre des classes inférieures. Son argumentation ne tient pas. Il cite les noms de plusieurs hommes de basse extraction qui ont alors marqué et joué un rôle. C'est le propre de toute révolution qui se prolonge que les gens qui n'ont rien à perdre cherchent à s'y engager, réussissent à y faire figure et la poussent jusqu'aux excès d'où sort la réaction qui la termine. Cette écume flottante n'indique ni la direction du courant ni la nature des eaux. Un mouvement politique comme celui de 1640, qui, à ses divers stades, et jusqu'en 1660, a compté parmi ses chefs des *gentlemen* aussi incontestables que Pym, Hampden, Cromwell[1], Ludlow,.

---

[1] Cet auteur recueille avec soin l'allégation que Cromwell était fils d'un brasseur. Il n'est pas impossible que le père de Cromwell ait fabriqué et vendu de la bière ; cela est sans portée Le fait incontestable et décisif, c'est que le père comme le fils étaient des *country gentlemen* de vieille souche, apparentés au Thomas Cromwell du temps de Henri VIII, alliés des Hampden, des Whalley et de plusieurs autres familles considérables. V. Carlyle, *Hist. of Cromwell,* I, 19 et s.

Lenthall, Hutchinson, Vane, n'a certes point les apparences d'une guerre de classes. Il est constant, au contraire, que la haute classe s'est divisée en deux [1], et que tout d'abord une des fractions a suivi le Roi, l'autre le Parlement. Cela prouve bien que la querelle était en principe toute politique et religieuse, et que ni la noblesse ni la gentry n'y voyaient une menace pour leurs priviléges, une attaque contre la hiérarchie sociale établie en leur faveur. Nous avons la liste des associations formées dans les comtés de l'Est pendant la guerre civile. Tous les noms qui s'y rencontrent sont accompagnés du titre d'esquire ou de gentleman. Non que les moindres propriétaires et les fermiers n'en fussent pas ; mais ils s'effaçaient devant leurs supérieurs traditionnels, engagés avec eux dans la lutte. Au centre,

[1] GNEIST, II, 137.

la Chambre des lords a pu être abolie;
plus tard la situation locale de la gentry
a pu être atteinte par des mesures de circonstance, par le bannissement ou les
confiscations. Ces violences visaient, non
la classe, mais les individus désignés par
leurs opinions politiques et religieuses.
Dans l'ensemble, la classe n'a pas cessé
de maintenir ses positions. Les archives
du comté de Devon nous ont conservé
une ordonnance[1] des lords gardiens de la
liberté de l'Angleterre nommant les magistrates locaux; les noms de ces magistrates valent la peine d'être cités. Ce sont
des Rolles, des Davies, des Yonges, des
Drakes, des Fortescues, des Carews, ce
qui veut dire qu'ils appartenaient aux
familles qui formaient alors, qui forment
encore aujourd'hui la tête de la gentry
locale. En pleine république, toute l'admi-

[1] En 1651. V. *Quarter sessions from original records.*
A. H. Hamilton.

nistration du comté restait entre leurs mains, ils l'exerçaient dans leurs sessions trimestrielles ; ils exerçaient aussi la justice, et notez qu'à cette époque ils pouvaient appliquer jusqu'à la peine de mort. Les rôles judiciaires nous les montrent infligeant des châtiments sévères aux braconniers, frappant d'amende les gens qui entretenaient des chiens de chasse sans avoir le cens requis, réglant les salaires et décrétant au besoin un maximum. Ces actes sont ceux d'une classe privilégiée, encore en pleine et tranquille possession. Qu'on essaye de les transporter par équivalents dans l'un quelconque des départements français en 1791. Cela suffira pour mettre en relief la différence de nature des deux révolutions. Par cette simple échappée sur l'état de l'administration locale au milieu du dix-septième siècle, on voit qu'il n'y avait alors en Angleterre aucune révolte contre l'ordre social établi, aucun besoin général de changer la répartition de l'influence entre les classes.

IV

LES YEOMEN.

Au-dessous de la classe des gentlemen, et les suivant de près, la dernière moitié du dix-septième siècle nous montre une autre classe très-puissante et non moins particulière à l'Angleterre. C'est la *yeomanry*. La yeomanry forme comme le second élément vivace et caractéristique de cette société rurale qui donne le ton à toute la nation. A l'époque où la haute gentry tend à absorber les restes de la noblesse féodale et se constitue décidément en classe supérieure, les petits propriétaires, tenanciers héréditaires, tenanciers à vie, freeholders, fermiers à long bail, copyholders [1] importants, s'élèvent dans la même mésure, et les *yeomen* (c'est le nom commun qui les désigne tous) tendent à occuper à leur tour la place et à tenir le rang d'une classe moyenne agricole. Le règne de Henri VI avait marqué le plus haut point de leur ascendance ; ils acquièrent alors la plénitude de leur conscience collective. Leur limite inférieure peut être fixée approximativement d'après le cens électoral de 40 sh. de rente en *freehold* (acte de 1429), ou d'après le cens de 4 livres exigé des jurés. Leur limite supérieure est marquée légalement par le cens de la *magistracy*. Mais, socialement, il n'y a pas, de ce côté, de limite certaine. En 1446, on s'était cru obligé d'intimer aux électeurs des comtés de ne point nommer des *valetti* [2], c'est-à-dire des

---

[1] Le copyhold est une tenure inférieure, consolidée et légalisée par une sorte de prescription.

[2] Stubbs, III, 555.

yeomen, à la Chambre des communes. C'est la preuve que les mœurs et l'opinion laissées à elles-mêmes ne plaçaient point le rang le plus élevé de cette classe au-dessous du mandat parlementaire, originairement réservé aux chevaliers. Fortescue témoigne, avec une sorte d'exultation, qu'en aucun pays de l'Europe les yeomen ne sont aussi nombreux qu'en Angleterre ; il ajoute qu'il n'y a pas si petite localité où l'on ne trouve un chevalier, un esquire ou quelque riche habitant, de ceux qu'on appelle *freeholders* (tenanciers libres), et beaucoup de yeomen qualifiés par leur fortune foncière pour siéger dans un jury. De ces derniers, il y en a qui peuvent dépenser jusqu'à 600 écus par an. La riche nomenclature qui précède rend sensible combien il y avait de variétés, et, en quelque sorte, d'échelons, formant une pente à peine scandée entre le grand seigneur et le plus humble tenancier. Fortescue oppose à cet état de choses la condition des pays continentaux où l'on voit rarement d'autres personnes que des nobles posséder de la terre. Harrison, dans sa *Description de l'Angleterre au temps d'Élisabeth*[1], porte le même témoignage. Il fait voir les freeholders à 40 sh. de revenu vivant à l'aise, dans de bonnes maisons, entretenant des domestiques laborieux, envoyant leurs fils dans les universités et dans les *inns of court*, achetant enfin les terres des gentlemen appauvris et devenant eux-mêmes des gentlemen. Sous Jacques Ier, Fynes Morrison signalera pareillement des gens sans grande éducation qui viennent des villes et qui se substituent aux squires obérés.

Au quinzième et au seizième siècle, la ruine et la spoliation des familles féodales,

―――――――――

[1] *Harrison's Description of England* (Holinshed).

puis des ordres monastiques, leur avaient profité, moins qu'à la gentry, mais dans une mesure notable. Les fermiers, particulièrement, avaient gagné comme les gentlemen à la transformation des cultures; les *inclosures* avaient rendu possible une exploitation plus judicieuse et plus fructueuse du sol. Les propriétaires demandaient des rentes plus élevées, mais les fermiers n'avaient pas d'hésitation à les offrir, ni d'embarras à les payer. Sous les Tudors, une forte organisation paroissiale prévaut sur l'ancienne organisation des centuries et des décuries. Elle est subordonnée aux autorités du comté; mais les *yeomen* y trouvent néanmoins occasion de déployer une activité indépendante et officieuse. Comme aux gentlemen dans le comté, la loi leur impose dans la paroisse la charge honorable de services publics et gratuits qui vont se multipliant. On les voit se dépenser comme membres des *ves-*

tries, marguilliers, inspecteurs des pauvres, inspecteurs des routes, constables ;
ils font partie des jurys de jugement. Ils
remplissent à leur rang un rôle utile dans
l'État.

Le nombre et la prospérité des petits
propriétaires sont l'un des traits de physionomie les plus marqués de l'Angleterre
rurale au temps d'Élisabeth. Toutefois les
chroniques et les poëmes de l'époque signalent déjà le commencement d'une ri-
valité agraire entre les deux classes qui
possèdent le sol. L'attaque ne vient pas
d'abord de l'ancienne gentry, mais des
nouveaux propriétaires, intrus et avides,
qui se sont abattus des villes sur les campagnes. « Des gens dont la fortune date
d'hier », les acquéreurs des terres monastiques [1], voilà la sorte de gens que
visent les récriminations. La pétition

---

[1] **V.** la supplication des « pauvres communes », en 1546.

de 1514 signalait parmi eux des marchands (adventurers)[1], des drapiers, des orfévres, des bouchers, des tanneurs et d'autres artisans. Ces parvenus, avides de s'enrichir davantage, entreprennent de substituer une exploitation plus productive au système d'assolement triennal ; ils enclosent les terres communes et réunissent beaucoup de petites fermes en une seule, où ils élèvent force moutons. Partout où cette spéculation réussit, l'herbe remplace les céréales, les troupeaux remplacent les hommes, les petits villages ruraux se dépeuplent, et sur leurs ruines de grandes prairies étendent leur verte solitude. Le langage des contemporains est pathétique. « Ils jettent les maisons par terre, écrit Thomas Morus, arrachent pour ainsi dire les villages comme on arrache des plantes, et n'en laissent rien

[1] Les marchands dits « adventurers » sont ceux qui font le commerce par d'autres ports que ceux du « Staple ».

debout qu'une église convertie en une étable à brebis[1]. » Toute la législation des Tudors garde la trace de ces tentatives; elle abonde en mesures destinées à les réprimer ou à les prévenir : défense de démolir les bâtiments d'exploitation ; obligation de reconstruire ceux qui ont été démolis depuis la quatrième année de Henri VIII ; obligation d'annexer à ces bâtiments une étendue de terre suffisante pour assurer le bien-être de l'exploitant ; obligation d'entretenir une habitation convenable sur tout morceau de terre de 30 à 50 acres ; obligation analogue pour les acquéreurs d'anciens domaines monastiques, plus celle de conserver en culture l'étendue de terre cultivée en moyenne depuis vingt ans ; défense à toute personne d'avoir plus de deux mille moutons à elle seule. Une de ces lois est

---

[1] « Your sheep », dit-il encore,.... « eat up and swallow down the very men themselves. » *Utopia*, p. 41, éd. Arber.

intitulée : « pour empêcher la ruine des villages agricoles et des fermes. » Bacon explique magistralement le but et la portée de ces prohibitions. Il s'agit non-seulement d'empêcher la dépopulation du royaume, mais de maintenir une grande partie du sol dans les mains de la yeomanry, « de gens d'une condition intermédiaire entre les gentlemen et les cottagers ou paysans » ; en d'autres termes, de préserver de la destruction la classe moyenne agricole, que Bacon, dans un autre passage, représente comme le nerf des armées, la caution de l'impôt. « Plus les gentlemen sont nombreux, dit-il, plus le produit des subsides fléchit[1]. »

Les entreprises de la gentry sur la terre sont donc très-anciennes. Ce qui est à remarquer ici, c'est que ces hommes nouveaux et la portion de la gentry qui les

---

[1] Bacon, *Hist. of Henry VII, passim.*

imitait ne visaient point à déplacer la balance politique en éliminant les *yeomen;* ils cherchaient seulement à augmenter le revenu de leurs domaines, en épargnant la main-d'œuvre, qui avait notablement renchéri, et en demandant au sol le genre de produits qui se vendait le plus cher. C'étaient des agronomes entendus et cupides; ce n'étaient pas, comme deux siècles plus tard, des ambitieux de pouvoir. L'énergique résistance du législateur, c'est-à-dire de la couronne secondée par une partie de la gentry, paraît d'ailleurs avoir suffi pour circonscrire l'effet de leurs tentatives. Il est constant que les yeomen formaient encore une classe nombreuse, vivace et prospère à l'époque où éclata la guerre civile. Ce sont eux qui, selon Whitelocke, « armés au dedans de leur bonne conscience et au dehors de leurs bras de fer », ont vaincu le parti royaliste. En 1663, un commentateur de

Fortescue, Waterhouse, ne peut trouver en Angleterre l'analogue des grands seigneurs français qu'en évoquant le souvenir lointain des Bohuns, des Bigots, et il montre les plus opulents des propriétaires fonciers entourés de gens laborieux qui s'enrichissent, s'élèvent et parfois se rendent acquéreurs de grands domaines. Vers la fin du dix-septième siècle, deux statistiques évaluent respectivement les yeomen à 160,000 et 180,000. D'après la première, ils jouissent en moyenne d'un revenu de 60 à 70 livres et forment avec leurs familles le septième de la population du royaume. Les petits propriétaires sont même alors plus nombreux que les fermiers. Chamberlayne, dans son *State of Great Britain*, publié à la même époque, répète exactement ce que disait Fortescue deux siècles plus tôt : « Les yeomen sont plus nombreux et plus riches en Angleterre qu'en aucun pays de l'Europe. »

Quand s'ouvre le siècle où s'accomplira la révolution que j'ai entrepris de raconter, cette classe est plutôt menacée qu'entamée ; elle forme encore dans la nation un élément économique, politique, social, de très-grand poids[1].

[1] V. Toynbee, ouvr. cité.

V

LES TRAVAILLEURS AGRICOLES.

Un observateur curieux de regarder
plus bas que la classe des fermiers et des
petits propriétaires aurait été frappé d'a-
bord de l'espèce de servitude légale qui
pesait sur le travailleur agricole; il aurait
cru trouver là le personnage sacrifié de
cette société brillante. L'un des caractères
du monde féodal est que, en dehors des
villes, l'homme ne compte qu'à la condition de posséder la terre, instrument de
sa puissance, caution de ses actes. Les
gens qui n'ont que leurs bras et leur industrie sont réputés sans droit; ils sont

assujettis à l'arbitraire des classes supérieures ; elles répondent d'eux, comme de l'ordre public, qu'ils sont censés menacer.

Au quatorzième siècle, lorsque ces pouvoirs de tutelle faiblissent, un immense désordre s'ensuit, un trouble profond des relations personnelles et des rapports économiques ; on ne croit pouvoir y obvier que par des lois sévères consistant soit en réglementations minutieuses, soit en prescriptions générales et indéfinies ; les *justices of peace* sont institués les exécuteurs des unes comme des autres. Au temps des Tudors, on exproprie les couvents : ils administraient patriarcalement leurs terres ; les évictions que multiplie l'avidité des nouveaux maîtres, la dispersion des indigents groupés naguère autour des établissements monastiques, déplacent de nouveau une portion nombreuse de la classe inférieure et rendent nécessaire une réédition revisée et enrichie des lois de Richard II. A cette époque, nous trouvons les *justices of peace* fixant les salaires, déterminant le prix des subsistances, décrétant la mise en service et l'apprentissage forcé, autorisant la presse des classes pauvres pour la culture ou pour la moisson. Le nombre des heures de travail est fixé par la loi. La taxe des pauvres est le complément et représente la rançon de cette servitude.

En matière civile et criminelle, le paysan anglais, même indigent, pouvait être dès lors le plus libre des Européens. En matière administrative et de police comme en matière économique, la classe qui ne possédait pas la terre était en quelque sorte hors du régime légal ; la liberté anglaise, si vantée, ne descendait pas jusqu'à ces profondeurs.

C'est une des curiosités de l'histoire que des lois oppressives n'empêchent pas toujours de prospérer la classe qu'elles ont l'air d'écraser de tout leur poids. Un siècle et demi avant Élisabeth, le paysan anglais vivait dans une abondance extraordinaire. Immédiatement après la peste noire, le prix du travail s'était notablement élevé. Les statuts rigoureux d'alors, — les considérants mêmes de la loi le prouvent, — visaient une classe en progrès, qui était une cause de désordre précisément parce qu'elle avait changé de condition. La loi de l'offre et de la demande qu'elle cherchait à faire prévaloir devait déconcerter un monde accoutumé à des rapports plus stables. Les vagabonds que les textes du temps poursuivent et châtient ne sont bien souvent que des ouvriers en quête d'un plus haut salaire. Ce salaire, ils l'avaient obtenu. L'enrichissement général avait ouvert la main des propriétaires et des fermiers. Au temps d'Édouard IV, le paysan anglais que dépeint Fortescue[1] est chaudement vêtu de laine; il mange du poisson et de la viande, et ne boit de l'eau que par pénitence. Les ustensiles de ménage, les instruments de culture abondent dans sa maison. Le paysan français du même temps, habillé de toile, pauvrement nourri de pain de seigle, se régale rarement d'un peu de lard ou bien des entrailles et de la tête des animaux tués pour les nobles. Fortescue se complaît dans ce contraste. L'écrivain est un glorieux, et son livre a le ton suspect d'un panégyrique. Quoiqu'on juge à propos d'en rabattre, il reste assez de son témoignage pour mettre hors de doute la condition enviable du travailleur agricole anglais à la fin du quinzième siècle. Il n'est pas impossible que cette condition ait un peu rétrogradé au seizième siècle. Elle restait certainement supérieure à la

____

[1] V. Fortescue cité par Taine, I, 147.

condition de la même classe sur le continent. Un Français atteste que les artisans
anglais gagnent plus en une semaine que
les artisans espagnols ou allemands en un
mois; il admire que des charpentiers, des
journaliers, aient du loisir et de l'argent
de reste, et trouvent le temps de jouer au
tennis. A la vérité, la taxe obligatoire
pour l'assistance des pauvres prouve que
les indigents étaient en nombre. Remarquons toutefois que la *poor law* d'alors
n'était ni l'indice d'un état désespéré-
ment misérable, comme celui qui peut se
rencontrer dans une nation en proie à la
grande industrie, ni l'agent d'appauvris-
sement et de démoralisation qu'elle est
devenue plus tard. L'assistance n'est alors
distribuée qu'aux infirmes et aux incapables; les pauvres valides n'y ont point
de part; on les oblige par la force à travailler. En outre, la distribution se fait
par la paroisse, c'est-à-dire par une agence

d'un caractère quasi familial. La taxe des pauvres, du temps d'Élisabeth, n'a donc rien de commun avec le socialisme local aristocratique qui a été en si grande faveur au dix-huitième siècle. La société civile avait hérité des obligations traditionnelles de l'Église envers le pauvre; chaque petite commune les remplissait sans en faire bruit et sans abus criant. A côté de leurs pareils assistés, la majorité des paysans prospérait. Tels que nous les retrouvons au dix-septième siècle, soumis à cette même tutelle discrétionnaire, ils habitent des cottages construits sur le communal; souvent ils sont exempts de tout loyer. Chaque cottage a son petit enclos qui peut devenir un jardin ou un potager. Au delà de la haie qui le borne, commence le communal; on peut y laisser vaguer une vache, un cochon, quelques poulets. Souvent aussi l'ouvrier loge à la ferme; les petits fermiers sont nombreux, l'ouvrier mange à leur table et se trouve plus ou moins associé à leur vie de famille. Quand commence le dix-huitième siècle, les salaires agricoles sont, absolument et relativement, beaucoup plus élevés qu'ils ne l'ont été antérieurement. L'usage du pain de froment est général. Le travailleur rural consomme du fromage et même de la viande. C'est son âge d'or. On verra qu'aux approches de 1800 et dans les quarante années qui suivent, sa condition aura sensiblement décliné. Il ne faudra pas s'y tromper. La misère horrible que révèlent les enquêtes d'alors n'est nullement le reste d'un ancien état d'oppression; c'est un effet récent de la révolution agraire qui s'est accomplie au dix-huitième siècle.

Je résume ce qui précède. En 1700, l'Angleterre rurale est encore presque toute l'Angleterre; elle l'emporte sur le monde industriel et commercial par le nombre, par la richesse, par les services rendus ; elle le domine par l'autorité morale et les habitudes de commandement de sa classe dirigeante. Cette classe, qui est la *gentry,* ne présente à aucun degré les caractères féodaux ; elle présente même les caractères opposés ; elle est déjà essentiellement moderne. Le trait fondamental de la nation anglaise d'alors est que les distances sont courtes entre les rangs de la hiérarchie sociale. Les classes marchent si rapprochées que parfois elles semblent se confondre. Au quinzième siècle, la gentry a rejoint et absorbé la pairie ; elle s'est grossie latéralement des marchands enrichis, des magistrats des villes, des hommes de loi les plus considérables ; elle entraîne ainsi avec elle les plus hauts représentants de la vie urbaine, de l'activité commerciale et industrielle. Plus bas, la procession se prolonge sans intervalle par la yeomanry. Il n'y a d'écart notable

qu'au point où commencent, au-dessous
des derniers yeomen, les parties inférieures et pour ainsi dire inorganiques de la
société. Encore la division est-elle, là
aussi, beaucoup moins tranchée qu'aujourd'hui. Si les plus considérables des
petits freeholders confinent à la gentry,
les plus humbles touchent de près et
rallient en quelque sorte le travailleur
salarié. Ils l'associent ordinairement à
leur vie de famille. Le berger, le valet de
charrue habitent à la ferme ; les ouvriers
industriels occupent à portée de leur patron
des petits cottages construits sur le communal. Dans une société en progrès,
l'autorité et le crédit des classes supérieures, leur résistance aux causes de destruction sont d'autant plus assurés que la
séparation est moins profonde entre chacune d'elles et la classe qui la suit, et que,
sur leur frontière indécise, affluent plus
d'éléments préparés à la franchir. Ce

bornage incertain déconcerte les intérêts de classe; ils ne parviennent pas à se bien connaître eux-mêmes; ils n'ont point de tendance à s'isoler, à se clore, à se retrancher; ils ne se regardent pas de loin en ennemis. Homogénéité et cohérence, continuité et gradation, tels sont les caractères nettement marqués de la société anglaise d'alors. Il n'y a pas de plus sûres garanties de l'harmonie sociale, et j'ai montré qu'en effet cette harmonie n'a pas été troublée profondément par les plus violentes commotions politiques et religieuses.

Voilà ce que le dix-huitième siècle a détruit : vers la fin du siècle tout est changé. A toutes les hauteurs, de profondes divisions de classes, d'ardentes oppositions d'intérêts se découvrent comme des fissures dans le sol, minent sourdement la paix sociale et préparent le jour où se posera, sous une forme menaçante, le problème d'une immense reconstruction. Essayons de démêler ces causes et de noter les stades de cette œuvre de dissolution et de ruine.

TROISIÈME PARTIE

LA RÉVOLUTION INDUSTRIELLE ET AGRAIRE
ET LE GOUVERNEMENT OLIGARCHIQUE
AU DIX-HUITIÈME SIÈCLE.

I

LES LATIFUNDIA. — DISPARITION DES YEOMEN.

Une aristocratie ouverte et libérale qui devient une oligarchie tyrannique, voilà le premier fait à signaler.

En 1660, au retour de Charles II, la position de la gentry avait été rétablie et fortifiée par des lois et des mesures réparatrices ; cela allait de soi. Les événements de 1688 ne furent nullement en

réaction contre cet effet de la restauration
monarchique. La révolution qui porta
Guillaume III sur le trône n'a pas les
caractères profonds d'un mouvement social et populaire, ni même d'un mouvement
largement national. C'est l'œuvre, non pas
même de l'aristocratie rurale agissant en
corps, mais d'une coalition de grands seigneurs alarmés pour leur vie ou jouant le
jeu de leurs intérêts. Cette oligarchie de
conspirateurs eut la bonne fortune de
trouver dans le prince légitime un art
particulier de se trahir soi-même, dans
son premier roi improvisé des talents
supérieurs, dans la nation l'indifférence
et l'inertie désabusées qui succèdent aux
grandes commotions. Les classes moyennes et inférieures n'avaient rien attendu
pour elles-mêmes de ce changement, in-
tervenu comme par surprise ; elles n'eurent
rien à en recueillir. Socialement, po'iti-
quement, administrativement, la prépon-

dérance qui appartenait à la gentry rurale, avant 1640, se retrouve intacte au lendemain de 1688. A cette époque commence au contraire à s'accélérer une transformation dans le sens aristocratique, depuis longtemps en germe et en travail parmi les *gentlemen*.

La gentry avait absorbé, deux siècles auparavant, les restes de l'ancienne noblesse et constitué une seule haute classe ouverte, soutenue et incessamment recrutée par une classe moyenne nombreuse et ascendante, celle des petits propriétaires libres. Graduellement, elle se ramasse et se retire sur elle-même, élimine ses éléments les plus faibles et ceux de la couche sociale immédiatement inférieure, aplanit et déblaye pour ainsi dire ses alentours et se contracte enfin en cette aristocratie hautaine que la Révolution française a trouvée devant elle. Une transformation agraire est l'instrument de ce changement social et politique. Deux faits la résument : la classe moyenne agricole disparaît, le monopole de la terre se concentre et s'aggrave. C'est le contre-pied du régime social qui avait fait la supériorité de l'Angleterre au moyen âge. Ici encore se rencontre une sorte de paradoxe historique. Nous sommes accoutumés à considérer comme une loi de l'histoire que toute aristocratie qui a commencé à perdre sa forme et sa consistance première, ne s'arrête pas dans cette évolution et tend sans relâche à se dissoudre en démocratie. L'Angleterre présente ce cas rare, en contradiction avec l'expérience commune, d'une nation relativement démocratisée qui, pour un temps, régénère — ou laisse se régénérer — une oligarchie.

Deux causes ont contribué à précipiter cette transformation : la prépondérance de la Chambre des communes, qui s'établit de 1700 à 1750, et les grandes inventions mécaniques de la fin du dix-huitième siècle. Toutes deux ont augmenté la vigueur des attaques dirigées contre la classe moyenne agricole ; la seconde a diminué l'énergie et la ténacité de la résistance. Au temps de Walpole, le Parlement est considéré décidément comme le siége effectif du pouvoir ; la Chambre des communes s'essaye, sinon à faire et à défaire les ministères, du moins à forcer la main aux ministres et à les punir ; elle dispose indirectement des places et des honneurs. La septennalité, acquise en 1716, la rend moins dépendante de l'opinion, et capable d'une politique plus consistante et plus efficace, de démarches plus suivies, d'une action plus prolongée dans un même sens. La Chambre tend à devenir une base de gouvernement. L'ambition naturelle est d'y être le maître. Le moyen est d'occuper les colléges électoraux, d'en exclure, autant que possible, les électeurs indépendants, de n'y souffrir que ce qui peut être aisément intimidé ou séduit. Grands seigneurs whigs et tories, squires légitimistes, nababs coloniaux, parvenus du commerce et de l'industrie naissante entreprennent à l'envi et poussent avec ardeur ce travail de dépossession [1]. Ils s'appliquent à ôter la terre des mains du petit tenancier libre, à le forcer d'émigrer dans les villes ou aux colonies. En 1727, Laurence, dans un manuel à l'usage des intendants, recommandait à l'intendant modèle [2] d'avoir l'œil sur les terres jouxtant celles de son maître et d'user de tous les moyens pour décider les petits proprié-taires à vendre. Voilà bien l'indice d'un propos délibéré d'expropriation ; voilà aussi la preuve que la liquidation des

---

[1] La loi de 1711, qui fait d'un cens foncier élevé la condition d'éligibilité à la Chambre des communes, caractérise la tendance et contribue à la fortifier. — V. plus loin.

[2] *Laurence's Duty of a steward* (1727), p. 36.

menus domaines n'était pas encore très-avancée. Dans le dernier tiers du dix-huitième siècle, l'entreprise, menée jusque-là avec quelque mollesse, devient plus engageante, la tentation plus forte, les efforts et le succès plus suivis. De 1750 à 1780, la grande industrie a été créée. Il faut nourrir les immenses agglomérations urbaines qu'elle suscite. Cette opération promet des bénéfices considérables aux producteurs de pain et de viande. La gentry rurale pressent ou calcule le rendement supérieur d'une exploitation savante appliquée à de vastes espaces et fécondée par de larges infusions de capital. Elle se reprend avec un redoublement d'entrain à l'occupation et à la conquête du sol. La même révolution industrielle trouble et débande devant elle ses adversaires. Jusque vers 1760, le yeoman avait trouvé plus ou moins, dans son propre instinct de conservation, la force de dé-

jouer les ruses, de résister aux agressions.
C'est qu'à délaisser sa petite exploitation, il risquait trop de rester dépourvu.
Aucune autre voie un peu large ne s'ou-
vrait devant lui. La colonisation, le commerce, l'industrie, n'étaient pas encore
assez développés, l'accès n'en était pas
assez facile, pour qu'il y vît un débouché
et la compensation d'un changement d'état.
Sous Charles II, l'Angleterre relie ses
possessions américaines par l'occupation
continue de la côte. De 1740 à 1763,
elle annexe à son empire colonial les plus
belles parties de celui de la France. Une
immense carrière s'ouvre à l'émigration.
Les émigrants ne sont plus, comme au
siècle précédent, des aventuriers à la recherche de l'or et des épices ; ce sont des
cultivateurs en quête de terres à faire valoir. Le petit propriétaire, muni de son
indemnité d'expropriation, est assuré de
trouver sur ces bords lointains une vie

libre, un emploi fructueux de son activité et de ses capitaux. Un peu plus tard, la grande manufacture urbaine l'attire par l'appât de ses riches profits; elle amollit indirectement sa résistance à la dépossession; il prête maintenant l'oreille aux propositions, se laisse persuader, signe enfin le contrat de vente.

Cette sorte de second départ de la gentry à la conquête du sol, après 1760, se fait sentir de mille manières.

D'abord les appropriations de communaux ou de terres en friche se multiplient: les actes d'*inclosure* avaient porté sur 335,000 acres (chiffre rond), de 1710 à 1760. Entre 1760 et 1843, période double, ils portent sur une étendue plus que vingtuple, 7 millions d'acres environ, presque le tiers de la superficie cultivée [1]. Or, c'est surtout le grand squire qui pro-

____

[1] Shaw Lefèvre, *Essays on land question*, p. 199.

fite de cette addition à la propriété privée; il est souvent la seule, toujours la
grosse partie prenante. C'est son homme
de loi qui rédige le bill d'inclosure; ce
sont ses pairs qui le votent au Parlement,
c'est son intendant qui l'exécute; il achète,
au besoin, de quelques maigres libéralités,
le suffrage des habitants qui n'ont que
leur maison. Les petits freeholders lésés
n'ont garde d'entamer contre lui un procès
qui les ruinerait; ils se soumettent. Les
plus humbles ajoutaient aux profits de la
culture ceux d'une petite industrie de
famille. Cette ressource leur est enlevée
par la concurrence de l'industrie urbaine.
Le métier à tisser s'arrête; la fenêtre, qui,
en des jours meilleurs, avait été percée
dans le mur du cottage pour éclairer le
travail du tisserand, laisse voir cette car-
casse immobile. Les progrès de l'agronomie et la transformation des cultures ne sont
pas moins funestes aux yeomen. L'effet

très-général est la disparition des petites fermes; on les groupe en grosses exploitations. En 1795, Eden[1] trouve deux fermes où auparavant il y en avait trente; Cobbett[2], en 1826, en trouve une où il y en avait quatorze. Maint petit tenant, qui vivait familièrement avec ses ouvriers, tombe au rang de travailleur salarié, tandis que le grand fermier, monté au rang de capitaliste, exploite la terre et les hommes selon les procédés du monde industriel, et tient un personnage beaucoup plus considérable que les modestes propriétaires libres qui se sont maintenus à ses côtés. Au quinzième siècle, le mot de yeomen désignait tout ensemble ces propriétaires et les fermiers importants. Au dix-huitième siècle, c'est au contraire le mot de *farmers* qui désigne les uns et les autres : la fraction prépondérante de la

[1] Eden, *State of the poor*, II, 147
[2] Cobbett, *Rural rides*, p. 579.

classe donne son nom à la classe tout entière et la marque, pour ainsi dire, d'un même signe d'infériorité et de dépendance vis-à-vis de la gentry.

Sur ce territoire des grandes fermes, on détruit soigneusement les anciens bâtiments d'exploitation devenus inutiles ; on ruine les cottages, abri des ouvriers nomades que l'indigence pourrait atteindre et mettre à la charge de la paroisse. Les vers de Goldsmith peignent en termes saisissants cet exode d'une race d'hommes et la destruction de ses foyers[1]. Au lieu des campagnes peuplées et animées d'autrefois, le petit squire ou le yeoman contemple autour de lui une solitude. Le petit village où il trouvait un marché pour ses produits a vu ses habitants partir pour la ville ; la ruine de l'industrie domestique les a obligés de chercher ailleurs

---

[1] GOLDSMITH, *le Village abandonné.*

leur subsistance. Son isolement moral et social n'est pas moins pénible. On verra plus loin comment son champ d'activité quotidienne s'est fermé par la ruine de l'autonomie communale. Les riches fermiers, ses voisins, sont des agronomes et des spéculateurs, occupés à conduire à coups d'argent une exploitation intensive ; ils ne parlent plus le même langage que lui ; il ne retrouve pas en eux ses habitudes, ses préjugés héréditaires. Les lords et les grands squires lui sont encore davantage comme des étrangers. Le privilége politique s'est resserré et rejette hors des fonctions publiques cette portion supérieure de la classe des petits propriétaires qui avait accoutumé d'y prétendre. La fin du dix-septième siècle et le commencement du dix-huitième sont marqués par des lois qui élèvent la barrière des cens fonciers et les étendent à des offices auparavant accessibles à tous. L'éligibilité à la Chambre des communes, par exemple, n'était restreinte que par une exhortation toute gracieuse à nommer des gens « de substance ». Un statut de la reine Anne, de 1711, exige un revenu de 600 livres en terres pour les représentants des comtés, de 300 livres en terre pour les représentants des bourgs. On entendait surtout exclure les marchands et les industriels; leur fortune mobilière, si considérable qu'elle fût, ne les qualifiait pas. Mais l'exclusion ne frappait pas moins sûrement les meilleurs éléments de la yeomanry. Le revenu exigé des justices of peace était de 40 livres en terres; il est porté à 100 livres (5 et 18, George III). Les lords, fils ou héritiers de lords, fils aînés ou héritiers de propriétaires ayant 600 livres de rente, sont qualifiés sans aucun cens personnel. D'après des actes de George III, les commissaires de la milice (deputy lieutenants) sont nommés par le lord lieutenant du comté parmi les personnes jouissant d'au moins 200 livres de rente en terres. Les officiers supérieurs de cette milice ne peuvent être choisis que dans la haute gentry : le cens de colonel, par exemple, est de 1,000 livres de rente foncière, celui de lieutenant-colonel de 600 livres [1]. Pareillement le droit de chasse au fusil qui était accordé aux propriétaires de 10 à 30 livres de rente (loi de Jacques Ier), est maintenant réservé aux propriétaires de 100 à 150 livres (loi de Charles II). Toutes ces lois sont autant de mesures de disqualification; elles tendent à supprimer ou à diminuer l'intérêt et les agréments attachés à la possession d'un modeste domaine rural. Le droit de chasse est l'un de ceux qui ont le plus contribué à rendre sensible et blessante la séparation des

---

[1] La reconstitution de la milice sur cette base aristocratique date des premières années du règne de Charles II (13 c. 6 — 13 et 14 c. 3 — 15 c. 4). Cette base a été restreinte encore davantage au dix-huitième siècle.

deux classes, fâcheuse et intenable la position des petits propriétaires. Le cens élevé fixé par le législateur du dix-huitième siècle en fait un privilége exclusif du lord et du squire. Le yeoman voit avec ennui l'un des plus grands attraits de la vie rurale retranché de son existence déjà si vide ; le spectacle de tous ces gentlemen rapprochés dans la familiarité d'un même sport lui fait sentir plus cruellement son isolement et l'infériorité de sa condition : c'est un déclassé. Appauvri en outre par la concurrence de la grande culture, dévoré par le gibier qu'il n'a pas le droit de poursuivre, harcelé, vexé, menacé de procès par l'intendant du squire, tenté par les hauts prix qu'on lui offre de sa terre, ou attiré à la ville par les exemples de rapide fortune qui vont se multipliant, il cède à tant de forces qui le poussent dans le même sens, il se défait de son domaine. Les haies tombent, et les grands parcs étendent leur uniformité morne sur l'emplacement de sa maison [1].

Toute la fin du dix-huitième siècle voit ainsi décroître la classe moyenne agricole. Le dernier coup lui est porté par Waterloo. La guerre contre la Révolution française et Napoléon avait soutenu pour un temps le yeoman : c'était une période de prix très-élevés pour les produits du sol; mais cette élévation même avait encouragé tous les propriétaires ruraux à dépenser, à augmenter leur train de vie, à emprunter pour faire des avances à la terre. La baisse qui succède à la paix et qui s'aggrave par l'abolition du cours forcé prend au dépourvu la plupart des yeomen; ils se trouvent obérés et vendent pour se liquider. Les dernières années de George III peuvent être considérées

[1] The south of England is more silent than any equally fertile land in all Europe... In that lovely land I have often passed miles without seeing a human being. (A. Arnold, Disc. sur « land reform », 7 août 1885.)

comme leur point extrême de dépression.
Ce qui avait fait la force et le nerf de
l'État au moyen âge, la classe moyenne
rurale, a péri.

Trois chiffres suffiront pour démontrer
et résumer cette révolution agraire. Aujourd'hui encore, les deux tiers de l'Angleterre et du pays de Galles appartiennent
à 10.207 personnes, les deux tiers de
l'Écosse à 330 personnes, les deux tiers
de l'Irlande à 1,942 personnes [1].

[1] V. Brodrick, *English land and landlords*, IIe partie,
ch. iii. — Il n'est pas possible de suivre d'année en année la
marche de cette révolution agraire, mais il n'est pas indifférent d'en marquer exactement l'effet final, lequel est
à son tour devenu cause. A la fin du dernier siècle, le
chiffre courant et accepté pour le nombre des propriétaires
en Angleterre et dans le pays de Galles était de 200,000;
en 1861, une statistique, légèrement faite et témérairement interprétée, donna crédit à l'allégation que le
nombre des propriétaires était tombé de 200,000 à environ 30,000. Cette dernière estimation fut contestée, et, les
éléments positifs d'une solution faisant défaut, on s'accorda
pour inviter le gouvernement à ordonner un recensement
général. Les résultats de cette opération furent livrés au
public en 1875. A ne considérer que les chiffres bruts, il
en ressortait que le sol de l'Angleterre et du pays de

Galles, moins la capitale, était partagé entre 972,836 propriétaires. Le total (près d'un million) était considérable
et donnait à penser que, loin de s'être concentrée depuis
le commencement du siècle, la propriété foncière s'était
extrêmement divisée et morcelée. Une analyse plus atten-
tive fit voir que cette conclusion n'était pas justifiée.

On s'avisa d'abord que, des personnes dénombrées,
270,000 seulement (chiffre rond) détenaient plus d'une
acre, et que, des 33,013,514 acres recensées, la presque
totalité, 32,862,343, était répartie entre elles. Il ne restait aux 700,000 autres personnes portées sur les rôles
que 151,000 acres à partager, soit à peu près 2/10 d'acre
par tête. Il paraissait évident que des lots si exigus ne
pouvaient pas être des exploitations agricoles. Le doute
ne fut plus permis lorsque le calcul montra que chaque
acre de cette catégorie rapportait en moyenne 200 livres
sterling, alors que la moyenne générale de revenu par acre
était de 2 livres. On avait évidemment affaire, non à des
propriétaires ruraux, mais à des propriétaires de parcelles
urbaines ou suburbaines, chèrement louées. Toutes les
villes, excepté Londres, étaient, en effet, comprises dans
le recensement. Plusieurs indices montrèrent qu'un dé-
compte partiel de même nature devait être appliqué aux
122,000 propriétaires de 1 à 10 acres; ils se partageaient
478,679 acres seulement, moins de 4 acres par tête. Il y
avait évidemment, parmi ces lots, de 1/2 à 4 hectares,
beaucoup de terrains appliqués à un usage industriel, à
des dépôts de marchandises, des jardins, des pleasure-
grounds, etc. On ne pouvait, à aucun titre, les porter
au compte de l'agriculture et de la vie rurale. Le taux
du revenu décelait d'ailleurs le caractère demi-urbain
de ces propriétés. La rente totale en était supérieure,
pour moins de 500,000 acres, à celle des 3,317,000 acres,
— celles-ci incontestablement rurales, — dont étaient formées les propriétés de 500 à 1,000 acres. Si l'on consi-

dère que les corporations et leurs domaines doivent égale-ment être mis à part, si l'on ajoute à ce retranchement ceux que justifie le grand nombre des doubles emplois et la confusion des fermiers à long bail avec les propriétaires, on retombe sur un chiffre qui n'excède pas 150,000 propriétaires pour une superficie égale à un peu moins du tiers de la France (150,000 kil. carrés contre 528,000) et pour une population égale à 70 0/0 de la population française (26 millions contre 37 millions 1/2). C'est un pro-priétaire rural par kil. carré et par 112 habitants. Il est difficile de discerner si, depuis 1830, le rapport des pro-priétaires ruraux à la population totale a été déclinant ou se relevant. Mais l'écart entre ces deux époques ne peut pas avoir été bien considérable, et l'on peut, en tout cas, tenir pour acquis qu'entre la fin du seizième siècle et le premier tiers du dix-neuvième siècle la pro-portion était tombée environ de 6 à 1. (Note écrite en 1885.)

II

LES PRIVILÉGES CIVILS, FISCAUX, ÉCONOMIQUES.

On commence à entrevoir cette oligar .
chie de propriétaires qui se partagent
entre eux le territoire. On aperçoit cette
suite continue de *latifundia* qui n'est
rompue par aucun petit domaine, et, sur
cette immense surface, perdues comme
des îlots dans une mer, les villes, concentrant de plus en plus le reste de la
population et de la richesse. Ces *latifundia,*
source de son opulence et base de son
pouvoir, la gentry a le souci très-naturel
d'en assurer la conservation indéfinie dans
la même famille, par la transmission inté-

grale à un seul de génération en génération. Le droit d'aînesse est la règle de *common law* pour les biens fonciers dans les successions *ab intestat.* Mais la liberté d'aliéner est reconnue au propriétaire et la liberté de tester existe, sous une restriction partielle qui ne tardera pas à disparaître. Au commencement du dix-septième siècle, la loi laisse donc le domaine patrimonial exposé à des causes sans cesse renaissantes de dissolution. Des arrangements de famille, connus sous le nom de « settlements », suppléent à l'insuffisance de la loi. Au temps de la guerre civile, l'ingéniosité d'un légiste, Orlando Bridgman, porte d'un seul coup ce procédé à sa perfection, et toute la haute gentry l'adopte dans un intérêt de classe. L'usage en a subsisté depuis lors avec une ténacité singulière. Aux termes de ces « settlements », l'héritier d'une terre renonce d'avance à la plénitude du droit de propriété qui doit lui échoir. Il accepte la position d'un grevé de substitution vis-à-vis de son fils aîné, par exemple, qui est encore à naître. En conséquence, il ne peut ni léguer, ni aliéner, ni hypothéquer, ni même louer pour plus longtemps que sa propre vie la terre qu'il est tenu de rendre intacte et libre au substitué. Voilà, par ce démembrement de la propriété, le *latifundium* devenu en quelque sorte incessible et insaisissable. A la vérité, le substitué, lorsque la terre lui fera retour, recouvrera la propriété dans sa plénitude et pourra aliéner valablement. Mais on fait en sorte de le prévenir. Pour le présent, il n'a droit à aucune partie du revenu. Lorsqu'il est en âge d'être pourvu, notamment à l'époque de son mariage, on le tente. On obtient facilement qu'il renonce à des avantages éloignés en échange d'avantages présents, d'une pension ou d'une dot, par exemple, et qu'il accepte à son tour la position de grevé de substitution vis-à-vis de son fils né ou à naître. Ainsi la disponibilité du fonds patrimonial se trouve constamment reportée à la génération suivante, et ce fonds demeure à peu près incommutable entre les mains de détenteurs viagers successifs. D'après les témoignages recueillis dans une enquête parlementaire, les propriétés soumises au régime des substitutions et frappées en fait d'inaliénabilité comprendraient encore aujourd'hui plus des deux tiers du sol en Angleterre et en Écosse[1]. Cet état de choses, qu'on le remarque, n'est pas l'effet de la loi. Le Parlement, les tribunaux surtout étaient hostiles aux substitutions perpétuelles. Les derniers ont maintenu énergiquement le principe que la volonté d'un testateur ne peut pas

[1] BRODRICK, p. 100.

s'étendre au delà de la vie d'une ou plusieurs personnes vivantes, plus celle d'une personne à naître jusqu'à l'âge de vingt et un ans. Sur cette substitution légale limitée, qui embrasse environ quatre-vingts ans au maximum, un dessein profond, conçu à la fin du dix-septième siècle par l'esprit de classe et servi par le concert persévérant des générations successives, a greffé une substitution conventionnelle indéfinie, et l'on a vu revivre pratiquement, en pleine période moderne, ce « *de donis conditionalibus* » féodal, que tout le moyen âge s'était montré si ingénieux à éluder et qui avait succombé définitivement sous les lois des Tudors.

Quelques hauts dignitaires peuvent dédaigner les immunités civiles et fiscales, les avantages d'ordre économique. Les jouissances et les profits du pouvoir politique les rendent indifférents à ces lucres d'ordre inférieur. Une classe nombreuse,

dont les chefs détiennent le gouvernement, se refuse rarement ces allégements
de charges et ces moyens de fortune. La
gentry n'a pas échappé à cette faiblesse.
En France, l'opinion courante, depuis
1789, est que l'Angleterre a toujours été
un pays de privilége. A ne regarder que
la pairie et à la comparer avec les autres
noblesses, l'assertion est téméraire ; elle
est justifiée dans une large mesure, si l'on
considère la classe entière des propriétaires terriens, surtout à la fin du dix-
huitième siècle. Un indice remarquable
est que nulle part le régime des biens
fonciers et celui des biens mobiliers ne
se sont maintenus plus distincts, plus
opposés l'un à l'autre, même après que
la seconde forme de richesse s'était im-
mensément accrue et qu'elle représentait,
non plus seulement un appoint et un
excédent disponible, mais une portion
intégrante et stable de tous les patrimoi-

nes. L'intérêt de classe a prévalu contre la force des choses, empêché les deux régimes légaux de se rapprocher, et c'est la propriété foncière qui a gardé toutes les faveurs de la loi.

La partialité du législateur s'est même aggravée au dix-huitième siècle, on pouvait s'y attendre. Jusqu'en 1832, il n'a pas cessé de protéger contre les attaques, de consolider, d'augmenter les priviléges civils, fiscaux, économiques de la terre. Priviléges civils : on a vu que le droit d'ainesse était *ab intestat* la règle pour les biens fonciers, au lieu que le partage égal était la règle pour les biens mobiliers. Les strictes substitutions du dix-huitième siècle peuvent s'appliquer aux deux natures de biens ; mais elles visent surtout à garantir contre le propriétaire capricieux ou prodigue l'intégrité des domaines ruraux. Sur les domaines substitués, le créancier n'a aucun droit. Il n'en a guère

davantage sur les domaines restés libres;
en aucun cas, il ne peut les faire vendre;
il ne peut que jouir d'une partie des fruits
jusqu'à extinction de la dette. Les priviléges fiscaux ne sont pas moins notables.
C'est un des griefs du parti radical actuel
qu'à l'époque où l'on abolit les charges qui
pesaient sur les tenures en chevalerie,
c'est-à-dire sur une certaine catégorie de
propriétés foncières, on ait eu recours,
pour couvrir la perte du fisc royal, à des
droits d'excise qui sont payés par tout le
peuple. L'accusation n'est mal fondée
qu'en partie. Le traitement de faveur accordé à la terre a été tout aussi évident à
propos de la *land tax* de 1692. Cet impôt,
levé d'abord à des taux variables, finit
par être fixé, en 1798, au taux en apparence considérable de 4 shillings par livre;
mais, depuis l'origine, il n'a pas cessé d'être
perçu sur la base dérisoire d'une évalua-
tion qui date du règne d'Édouard I". Les

biens mobiliers d'une succession sont soumis à un droit dit de *probate* ou d'administration (vérification et homologation du testament ou nomination d'exécuteurs judiciaires). La terre en est exempte. En 1780, Pitt établit, en sus du droit de *probate,* un droit de succession. A cette occasion, les biens fonciers sont encore épargnés ; la loi les oublie. Même en 1853, quand cette exception tombera, le droit qui frappe les biens fonciers sera calculé comme pour un usufruit viager, selon l'âge de l'héritier, et pourra être acquitté en 8 termes, de 6 mois en 6 mois, tandis que pour les biens mobiliers il est fixé d'après la valeur en capital et payable en une fois. C'est encore actuellement le régime en vigueur [1]. En 1880, M. Gladstone estimait que le fermier et le mar-

---

[1] Brodrick, ouvrage cité, p. 251. Le dernier budget de M. Childers avant la chute du ministère Gladstone portait précisément modification de ce régime.

chand acquittent des droits de succession trois fois plus élevés que le propriétaire terrien.

Les priviléges économiques n'ont pas été moins recherchés. Les propriétaires fonciers ont le continuel souci de ménager aux produits de leurs domaines de larges débouchés, et surtout de leur réserver le marché national avec des prix de faveur. Les forêts sont dans leurs mains. En 1750; ils s'unissent aux tanneurs pour interdire l'entrée du fer en barre importé des colonies, de peur qu'on ne fonde une moindre quantité de fer en Angleterre et que la consommation du bois ne fléchisse. Ils sont producteurs de laine; ils s'entendent avec les fabricants de draps, frappent d'un droit d'excise les calicots imprimés, les prohibent absolument de 1721 à 1774. Le droit d'excise, renouvelé en 1774, ne tombera qu'en 1831. Ils sont producteurs de bétail, de

beurre et de fromage. Immédiatement après
a Restauration, de 1660 à 1685, la loi
défend d'importer d'Irlande de la viande
sur pied, de la viande fraîche et des produits lactés ; un peu plus tard (1699),
une autre loi décide que la laine d'Irlande
ne pourra être importée qu'en Angleterre,
et frappe de droits prohibitifs les draps
irlandais. Ils sont producteurs de céréales :
en 1682 paraît le premier droit à l'importation ; en 1690 la première prime à
l'exportation. Cette protection est sus-
pendue pendant une période de 30 à 35
ans à la fin du siècle. Elle reprend en
1804, s'aggrave en 1815, s'atténue en
1822 et ne disparaîtra finalement qu'en
1846.

Notre noblesse, en quête de pensions
et de faveurs, n'était donc pas plus âpre
que la gentry anglaise en quête de lois
partiales, de ce qu'elle appelait elle-même
une législation de classe. Mais il y a ici

une contre-partie. Les mêmes hommes qui se dérobent aux charges nationales assument avec empressement toutes les charges locales : soulagement des pauvres, administration de la police, entretien des routes et des ponts, etc. On a exalté ce désintéressement. Pour qui regarde les choses de près, le fait cesse d'être surprenant sans cesser d'être méritoire. Les charges que les propriétaires supportaient étaient d'abord la rançon et l'excuse de ce régime de *latifundia* qui retirait la terre de la circulation et empêchait le pauvre d'avoir un foyer à lui ; elles étaient surtout le prix que la gentry payait pour être seule maîtresse dans les localités. L'expropriation systématique n'avait laissé qu'elle de solvable dans les campagnes. L'État seul aurait pu alléger le fardeau, mais c'eût été lui donner un titre pour intervenir. On n'aurait pas pu refuser au gouvernement le droit de suivre les deniers publics pour en vérifier l'usage, et les services locaux seraient peu à peu tombés sous son contrôle. C'est précisément ce qui tend a se produire de nos jours. La gentry avait conjuré provisoirement le danger en prenant à son compte toutes les charges. Il est à remarquer d'ailleurs que si les propriétaires acquittaient les taxes locales, ils en percevaient et recueillaient eux-mêmes le montant; ils en réglaient l'emploi souverainement et sans en rendre compte. On est plus généreux de ses deniers quand on ne s'en dessaisit pas, quand on ne les voit pas fuir et passer en d'autres mains pour défrayer un service distant et mal défini. Les grands propriétaires trouvaient dans ces sacrifices une nouvelle source de prestige, un instrument de domination, une garantie contre l'ingérence de l'État.

III

LES PRIVILÉGES POLITIQUES ET SOCIAUX.
LE RÉGIME OLIGARCHIQUE.

J'ai montré ces cent cinquante mille gentlemen cantonnés dans leurs *latifundia* indivisibles, et maîtres de tout le territoire rural. Le droit civil les y affermit ; le fisc les épargne ; les statuts de douane et d'excise protégent leurs produits contre la concurrence. Il semble que ce mot « land » porte en lui quelque chose de sacré et que les priviléges s'y attachent d'eux-mêmes. Ailleurs, c'est le sang qui les confère ; ici, c'est la terre qui les attire, qui les fait tomber en quelque sorte de la main du législateur. Pour en mesurer toute l'étendue, il faut se représenter le grand propriétaire anglais, non pas seulement dans ses rapports avec les choses, mais dans ses relations avec les hommes.

Qu'aperçoit-on auprès de lui? Des agriculteurs? ce sont presque tous ses fermiers : on a vu que le petit exploitant, propriétaire de son domaine, a été éliminé. Ces fermiers, la législation des Tudors, toujours paternelle pour les yeomen, les avait protégés contre l'abus du privilége que le droit commun attribuait au propriétaire sur leurs meubles et leur cheptel[1]. Le dix-huitième siècle aggrave contre eux les rigueurs du droit de saisie. Vers 1700, les baux à vie ou à long terme étaient d'usage courant en Angleterre. Dans le cours et à la fin du siècle qui suit, la coutume s'introduit d'insérer dans les contrats une clause qui permet de donner congé d'une année à l'autre. A la place de

______

[1] V. Pollock, *The land laws.*

tenanciers auxquels dix, quinze, vingt ans
de possession assurée donnaient presque
les sentiments d'indépendance du propriétaire, on ne voit plus guère que des
tenanciers à volonté, dont la jouissance
précaire peut être interrompue par un
avertissement signifié six mois d'avance.
D'excellentes mœurs publiques et privées
tempèrent cette servitude du côté du
maître ; l'habitude la transforme de la
part du serviteur en un devoir de conscience qui le lie à la manière de l'allé-
geance féodale. Sous ces apparences hono-
rables, ce n'en est pas moins la servitude.

Au-dessous du fermier, on distingue
les travailleurs agricoles. La création des
grandes fermes et l'extension des pâtu-
rages diminuent d'année en année la
demande de bras dans les campagnes.
L'ouvrier rural, attiré par un salaire plus
élevé, émigre dans les villes. Notez que

les hommes que cet exode entraine sont les plus forts, les plus sains, les plus entreprenants ; la vie des champs ne garde que les indolents, les incapables, les infirmes. C'est une sélection à rebours en même temps qu'une diminution[1]. Des conditions d'existence difficiles font tomber plus bas encore ces exemplaires dégradés de l'espèce. Les riches propriétaires, grands accapareurs de domaines, se sont rendus maîtres de tout le sol de la paroisse ; un acte d'inclosure leur a livré même le communal. L'ouvrier ne peut plus garder le cottage et l'enclos qu'il y occupait sans loyer, la vache que ses enfants y menaient paître. Il est le locataire du seigneur, presque partout le locataire à la semaine. De huit jours en huit

---

[1] Dans l'enquête instituée devant la commission de 1879 sur la dépression agricole, les fermiers se plaignent de ce que les jeunes gens s'en vont à la ville et qu'il ne leur reste plus que des vieillards.

jours, il peut se trouver sans salaire et sans abri. Le plus souvent même, cet abri lui est refusé. Depuis Charles II, les autorités locales ont droit d'expulsion préalable contre tout survenant en quête de travail qu'ils jugent en passe de tomber à la charge de la paroisse. Mais le propriétaire veut être plus sûrement garanti. Maître de tout le sol paroissial, il fait raser toutes les masures et n'autorise aucune construction nouvelle. La paroisse est fermée (close); le nettoyage (clearance), et en quelque sorte le balayage de l'ordure humaine, est accompli. La campagne prend l'aspect d'un parc tout en arbres et en herbages, sans fabriques à l'horizon, tandis que les ouvriers refoulés cherchent un abri dans la plus proche paroisse restée ouverte. Ils s'y entassent dans des maisons insalubres, trop petites pour leur nombre. Les *slums* ne se rencontrent pas seulement dans les grandes villes, ils sont la honte de plus d'un village rural[1].

Nous n'avons considéré jusqu'ici le gentleman que dans les limites de son manoir ; il s'y est montré le maître absolu des hommes et des choses. Sa domination n'est pas moins bien établie dans son district ; sa suprématie et celle de ses pareils ne sont pas moins bien assurées dans le comté ; enfin, la prépondérance de la classe entière n'est pas moins marquée dans le Parlement et dans l'État. Près de sa résidence, il y a des hameaux, de petits bourgs. Souvent le sol et les maisons lui appartiennent. Il est libre de ne louer qu'à des gens selon son gré, d'interdire les constructions nouvelles, de prohiber en fait la vente des liqueurs fortes, de créer

----

[1] Sous George III, en 1775, on abroge la loi d'Élisabeth, qui interdisait d'établir un cottage rural sans y joindre quatre acres de terre et de le faire habiter par plus d'une famille. Cette interdiction empêchait les indigents de se loger. V. *The poor law.* — W. FOWLE, p. 68.

un régime économique à part pour cette portion du territoire, d'y imposer, sous peine d'éviction, des vertus de son choix, particulièrement la tempérance. Il est maître de rendre vaine même la liberté des cultes, en refusant, comme dans le pays de Galles, de céder un terrain à portée des habitants pour l'édification d'une chapelle [1]. Plus rarement, c'est l'emplacement sur lequel une grande ville s'est bâtie qui est sa propriété à titre privé [2]; une partie de la police locale tombe nécessairement à sa discrétion. Dans les paroisses voisines de son domaine, parfois même dans les paroisses distantes, il y a des pasteurs, vicaires ou desservants. Une fois sur deux, en

[1] Voir le projet de loi : « worship sites bill », présenté par M. Broadhurst (22 mai 1885) et écarté après un court débat. Le bill avait pour but de rendre cette cession obligatoire.

[2] Par exemple à Tynemouth et à Eastbourne, villes élevées sur des terrains appartenant au duc de Northumberland et au duc de Devonshire. ESCOTT, v. I, trad., p. 51.

moyenne, c'est le grand propriétaire qui les a nommés. Ce droit lui est venu par héritage du fondateur originaire de l'église, à moins qu'il ne l'ait chèrement acheté d'un voisin ou du lord haut chancelier. Aujourd'hui, sur 13,305 bénéfices spirituels que compte l'Angleterre, il y en a 8,151 qui appartiennent à des patrons laïques. Ce sont autant de places enviées que la gentry distribue à ses puînés, à ses créatures. L'influence de la religion et du ministère pastoral s'ajoute ainsi à ses moyens d'action temporels.

Le comté a une milice; on a vu qu'un cens foncier considérable en réserve les hauts grades à la gentry. Aux exercices et revues, elle retrouve ses humbles voisins, de petits propriétaires, s'il en subsiste encore, des copyholders, des fermiers, et leur déférence pour elle se confirme par des habitudes d'obéissance militaire.

Elle dispose enfin d'un dernier instrument de domination, le plus efficace et le plus sûr : ce sont les pouvoirs d'administration, de justice et de police dévolus aux *magistrates* des comtés. Le cens de la magistracy a plus que doublé sous la reine Anne, et le droit de présentation du lord lieutenant (presque toujours un grand seigneur) assure dans tous les cas la préférence aux riches squires. J'ai montré que les attributions de ces fonctionnaires bénévoles étaient déjà innombrables au siècle précédent. Les besoins d'une société en progrès deviennent de plus en plus pressants et divers; ils provoquent des prescriptions légales auxquelles il faut des gardiens et donnent lieu à des sanctions auxquelles il faut des exécuteurs. Les « justices of peace » sont déjà en possession de ce double rôle; chaque service nouveau va de lui-même rejoindre dans leurs mains les services anciens de même nature. Je n'ai pas à parcourir tout le cercle de cette compétence, ni à en fournir le détail; elle embrasse et réunit, aux mains des mêmes agents, des portions de tous les pouvoirs que la loi française s'étudie à séparer. Non-seulement l'administrateur et le juge se confondent dans le *magistrate* anglais, mais tous nos fonctionnaires et nos corps locaux : préfet, sous-préfet, conseil de préfecture, conseil général, conseil d'arrondissement, juge de paix, juge d'instruction, commissaire de police, maire, se retrouvent plus ou moins en lui par telles ou telles de leurs attributions[1]. Ce qu'il est intéressant de noter ici, c'est ce que le dix-huitième siècle a pu lui apporter de sujets d'activité, de moyens d'influence, ce qu'il a acquis d'indépendance

[1] J'ai entrepris ailleurs de montrer les *magistrates* dans l'activité multiple de leur rôle local. Je rappelle seulement ici les conditions singulières d'arbitraire et d'irresponsabilité dans lesquelles ils exercent leurs pouvoirs. *Annales de l'École des sciences politiques,* t. I, p. 179.

et d'efficacité dans l'exercice de son mandat.

Dès le premier regard, je vois que cette activité, naguère incomplète et incohérente, a été étendue en surface, organisée en système, ordonnée en hiérarchie. Auparavant, il y avait le magistrate qui juge seul, les petites sessions de district, les sessions trimestrielles de comté. Maintenant, il y a, en outre, des sessions *spéciales* qui se tiennent périodiquement pour un certain ordre d'affaires administratives : nomination des fonctionnaires paroissiaux, concession de cabarets, contentieux de la voirie, etc. Auparavant, les cours royales recevaient les appels. Maintenant, les sessions trimestrielles deviennent la juridiction ordinaire de second degré, et presque toujours la juridiction finale pour les affaires susceptibles d'appel, jugées dans les sessions plus étroitement locales. On en appelle des magistrates aux magistrates eux-mêmes. La procédure de ces tribunaux et leur composition ne sont pas moins dignes d'attention. Au dix-huitième siècle, la justice sommaire, *sans le concours du jury*, prend une extension considérable. C'est la procédure courante, dans les cas où le magistrate juge seul et dans les petites sessions. Ainsi, pour un nombre croissant de menus délits et de petites affaires, la garantie traditionnelle de la bonne justice est écartée. On tient bien plus sûrement la population d'un district par cette juridiction quotidienne et multiple que par la haute juridiction criminelle. La gentry exerce la première avec tout l'arbitraire patriarcal. Le fait est d'autant plus grave qu'une autre garantie très-efficace a disparu pratiquement dans les sessions où plusieurs magistrates siégent ensemble. Avant le dix-huitième siècle, plusieurs jurisconsultes étaient toujours compris nominativement et désignés à part dans la commission des magistrates de comté ; en toute affaire, l'un d'eux devait être présent à côté de ses collègues qualifiés par leur seule richesse territoriale. Au dix-huitième siècle, cette règle n'est plus observée. L'élément capacitaire et professionnel est écarté ; il emporte avec lui le dernier et chétif tempérament que pouvaient encore rencontrer l'esprit et les intérêts de classe.

Ainsi, dans d'innombrables causes, le jury n'est plus là pour assurer l'impartiale appréciation du fait ; le jurisconsulte de profession n'est plus là pour assurer l'application éclairée de la loi. Il semble que, par compensation, les droits d'appel et d'évocation devant la juridiction supérieure aient dû être développés avec un soin jaloux. C'est le contraire qui se produit au dix-huitième siècle. Jusqu'à Charles II, la procédure du *certiorari,* qui a pour effet de dessaisir les tribunaux des justices of peace et de transférer l'affaire aux cours royales, était restée applicable à tous les cas. En 1672, cette garantie est supprimée pour certaines matières d'impôts ; plus tard on la délaisse pour presque toutes les questions de voirie. En même temps l'évocation est rendue plus difficile : on multiplie les formalités (5 Geo. II, ch. XIX). Dans la majorité des lois postérieures, la clause qui exempte du certiorari est, pour ainsi dire, de style. La règle paraît être que le jugement des sessions trimestrielles doit être final toutes les fois que des droits fonciers ou l'ordre public ne sont pas engagés dans l'affaire. C'est pratiquement le pouvoir discrétionnaire, appliqué à des cas où le juge, par son propre intérêt ou par celui de sa classe, a des chances d'être prévenu et partial.

Notez enfin que les magistrates sont protégés dans l'exercice de leurs fonctions par une série de lois équivalentes

par l'effet, sinon comparables en substance, à l'article 75 de notre Constitution
de l'an VIII. A la différence de nos fonctionnaires, ils peuvent être librement atta-
qués pour négligence ou faute lourde, —
c'est le principe anglais, — mais l'action
est prescrite par six mois ; il leur suffit
d'exciper de leur bonne foi pour être ren-
voyés des fins de la plainte, et cette même
bonne foi les exempte de toute responsabilité pour les irrégularités de la procédure.

En matière civile et criminelle, devant
les grands tribunaux, l'Angleterre est de
longue date en avance sur tous les autres
peuples de l'Europe ; les antiques garanties de la propriété et de la liberté (*habeas
corpus*, jury, instruction à découvert)
subsistent. L'esprit public les maintient
avec énergie. En matière administrative
et de police, c'est-à-dire dans les affaires
dont l'intérêt moindre ne soutient pas la

vigilance de l'opinion, une seule phrase rend exactement la position des justices of peace dans les comtés : *l'arbitraire couvert par l'impunité.*

Il est surprenant que ce régime ait été si longtemps toléré ; il est plus surprenant que toutes les classes se soient trouvées d'accord pour s'en louer. A la vérité, les voix ne se font pas toutes entendre de l'histoire ; les victorieux et les forts sont volontiers communicatifs ; par prudence ou par découragement, les opprimés restent souvent silencieux. Il faudrait réveiller les mânes de maint pauvre hère endormi dans les cimetières de village, pour se prononcer d'après des témoignages décisifs et avec une pleine certitude. Cette réserve atténue, mais ne détruit pas la puissante présomption que tant d'approbations concordantes ont créée en faveur du gouvernement de la gentry. L'unanimité de ceux dont le jugement est venu jusqu'à nous honore hautement le caractère de la classe supérieure en Angleterre. Toutefois, pour être inoffensif, l'arbitraire n'en est pas moins l'arbitraire : « Mon père, dit M. Millbank dans un roman de Disraeli, m'a souvent raconté que de son temps, le déplaisir d'un lord était la mort d'un homme. » Le lord n'usait peut-être pas de ce pouvoir exorbitant ; mais, sans qu'il en usât et même au repos, ce pouvoir devait se faire sentir et peser lourdement sur les volontés.

Les magistrates des comtés ne rencontrent donc pas de *contrôle* au-dessus d'eux. Le législateur a un parti pris de confiance dans leur intégrité, et l'État s'est désarmé lui-même. Ils ne rencontrent pas non plus au-dessous d'eux de *limites* à leur pouvoir. L'autonomie communale a été ruinée ; la paroisse est étroitement soumise à leur tutelle. C'est là peut-être le fait le plus considérable de la révolu-

tion oligarchique accomplie au dix-huitième siècle. Le déclin du self-government
paroissial peut être suivi d'année en année. De longue date, chaque localité choi-
sissait elle-même son constable, ses
inspecteurs de la voirie. Les inspecteurs
des pauvres étaient nommés par les magistrates, mais sur une liste de présentation dressée par la paroisse. Par ces inspecteurs étaient octroyés les secours aux
indigents; par eux était répartie la taxe
des pauvres entre les contribuables. Les
justices of peace ne pouvaient qu'annuler
une taxation illégale. Il appartenait ainsi
à chaque paroisse de déterminer ses charges et de réunir des ressources par l'organe de ses propres fonctionnaires. A la
fin du dix-huitième siècle, la plus grande
partie de ces prérogatives et de ces franchises a péri. Ce sont les magistrates qui
nomment les constables. A partir de 1691,
aucune assistance ne doit être accordée

aux indigents non inscrits sur la liste paroissiale annuelle, si ce n'est par l'autorité d'un magistrate ou sur l'ordre des sessions trimestrielles; l'inspecteur des pauvres ne peut plus rien à lui seul. Pendant tout le dix-huitième siècle, les magistrates abusent de cette loi et prodiguent les secours à quiconque se présente et les prie. A partir de 1801, ils peuvent, non plus seulement mettre à néant une taxation irrégulière, mais l'amender et modifier eux-mêmes les noms des personnes imposées, le montant des sommes à payer. Dès cette époque, la taxe des pauvres tend à devenir le type et la base commune de tous les impôts directs. Le droit de la remanier est donc de grande conséquence. Étrange contradiction aux principes les mieux établis par la coutume, les plus ombrageusement gardés par l'esprit public! Il dépend de ces personnages non élus, qui n'auront de compte à rendre aucun intéressé, d'augmenter indéfiniment les dépenses que devra supporter la paroisse et de fixer à chaque occupant de maison sa part du fardeau que leur charité inconsidérée a pu librement alourdir.

Tant de spoliations laissaient après tout subsister la paroisse; il restait à l'annuler sans faire l'effort de la détruire légalement, à énerver en elle le principe d'une vie locale distincte. En 1782, les justices of peace sont autorisés à réunir plusieurs paroisses et à les faire contribuer ensemble pour l'entretien de leurs pauvres. Ces unions embrassent bientôt une partie considérable du royaume. Chacune est administrée par un comité de *guardians* (tuteurs), et chaque comité est surveillé par des *visitors* (inspecteurs), les uns et les autres nommés par les *justices of peace,* les derniers choisis en général dans la classe où se recrutent les *justices* eux-mêmes. Dès la fin du dernier siècle, le

service des pauvres, qui avait été la raison
d'être et le moteur de toute l'organisation
paroissiale, tend à se rattacher à un district plus étendu. Plus tard, lorsqu'il
s'agira d'organiser d'autres services,
notamment celui de l'hygiène, on s'a-
dressera pareillement à des circonscriptions plus larges que les paroisses. Ces
circonscriptions sont aujourd'hui le cadre
de toute vie administrative [1], le lieu préparé de toute activité publique nouvelle.
La paroisse voit de plus en plus fuir devant elle tout but collectif, toute occasion
d'un effort suivi et concerté. Peut-être
ces petites communautés, dépeuplées de
yeomen par le régime des *latifundia*,
manquaient-elles du personnel apte à
remplir correctement les fonctions locales.
C'était une raison et une excuse pour

---

[1] Il n'y a d'exception que pour l'instruction primaire
et pour le service de voirie, services assez généralement
localisés dans la paroisse.

transférer ces fonctions à des districts plus vastes, où les capacités requises sont en plus grand nombre. Mais, d'autre part, ce déplacement a dû achever la ruine de l'autonomie locale et accélérer d'autant plus l'exode des meilleurs représentants de la yeomanry inférieure, privés de l'intérêt qui s'attache à l'activité libre et à la responsabilité. Ainsi ont été éliminés les derniers restes de ces petites et vigoureuses démocraties que les Tudors avaient organisées. Le dix-huitième siècle a éteint et fermé ces innombrables foyers d'esprit civique, où s'entretenait une classe d'hommes qui avait fourni longtemps l'un des éléments les plus vivaces de la société anglaise. Quand le dix-neuvième siècle s'ouvre, ce n'est plus le self-government populaire des paroisses, c'est le self-government aristocratique des comtés qui perpétue le nom et la tradition de la liberté locale. Les franchises communales se sont tournées en priviléges de classe; une oligarchie s'est assujetti et gouverne despotiquement toute l'Angleterre rurale.

Un privilége suprême a servi à établir et garde tous ces priviléges subordonnés. La haute classe rurale est seule ou presque seule représentée au Parlement; elle y dispose de la loi. Les autres classes n'y obtiennent aucun avantage que par sa condescendance. La Chambre des lords est composée presque uniquement de propriétaires terriens. Un large revenu foncier est la première justification exigée des futurs pairs; leur patente n'est guère accordée qu'à ce prix. La Chambre basse se recrute presque uniquement dans la gentry; à raison des cens fonciers, les membres de cette classe y sont seuls éligibles. Un grand nombre de petits bourgs électoraux, ceux qu'on appelle bourgs de poche, lui appartiennent; elle y est propriétaire du sol et des maisons. Les habitants qu'elle y souffre votent à sa volonté, sur un signe de ses intendants. Elle lègue, vend, échange avec ses pareils ces parts d'intérêt dans le gouvernement. Elle est en mesure d'acheter les corporations vénales des vieilles cités. Les grands centres pleins de vie et d'orgueil que l'industrie manufacturière vient de créer pourraient être tentés d'élire des hommes à eux, des hommes nouveaux ; mais ils n'ont pas de représentation propre au Parlement. Ils sont noyés dans le comté rural. L'aristocratie terrienne reste donc sans opposant dans les deux Chambres et dans le gouvernement. Les partis politiques se forment par une *division intérieure* de cette classe toute-puissante. Au commencement du dix-neuvième siècle, 487 membres sur 658 sont nommés virtuellement par des lords et de riches squires. Après 1832 et avant 1867, Sanford compte 110 membres de la Chambre des communes appartenant aux 31 grandes familles qu'il inscrit dans son livre d'or. Ces 31 familles pesaient dans la balance politique autant que Londres et les 40 villes qui viennent après Londres, autant que l'Irlande, deux fois autant que l'Écosse. Cette même classe forme naturellement le gouvernement qui dépend des Chambres; elle occupe les fonctions publiques qui dépendent du gouvernement. Dans l'administration présidée par M. Pitt, en 1783, tous les collègues du premier ministre étaient des pairs, et lui-même était fils de pair. Les ambassades, les hauts grades dans l'armée, le gouvernement des colonies, les dignités et les riches bénéfices ecclésiastiques, tous les avantages dont l'autorité dispose, se distribuent entre les membres de l'aristocratie rurale et deviennent entre ses mains de nouveaux moyens d'action. Les partis alternant au pouvoir, gentlemen whigs et tories finissent également par obtenir leur part de curée. Les autres classes attendent en vain leur tour; il n'y a pas de jour ni de lots pour elles. Si jamais une classe a été privilégiée, c'est bien la haute gentry anglaise au dix-huitième siècle. Elle forme à elle seule le *populus Anglicus*, naturellement désigné pour les magistratures publiques et les honneurs, par opposition au reste, à la *plebs*, qui n'y est admise qu'exceptionnellement, après un stage plus ou moins prolongé dans les cadres mêmes de la gentry.

IV

L'OLIGARCHIE ET LE RÉGIME PARLEMENTAIRE.

J'ai montré que les progrès positifs de
la constitution britannique se sont presque
tous accomplis au dix-huitième siècle.
Un fait qui n'a pas été assez remarqué,
c'est que si la classe dirigeante en Angleterre ne s'était pas transformée en l'étroite
oligarchie qu'on vient de voir, le type de
gouvernement parlementaire que nous
connaissons n'aurait probablement pas
pu prendre consistance et figure ; et,
comme tous les États civilisés ont em-
prunté de là, ou plus tôt ou plus tard,
les grands traits de leur constitution,
peut-être les destinées politiques du
monde auraient-elles été changées. La

démocratie a pu s'approprier le régime parlementaire et l'imiter avec effort, après que des exemplaires parfaits en ont été façonnés et fixés par d'autres mains. Une aristocratie pouvait seule le créer, en former les mœurs, en commencer les traditions.

Au dix-huitième siècle se dégage peu à peu un premier ressort qui sera le moteur de tous les autres, le centre d'articulation de toute la machine : c'est le système lié et accouplé de deux grands partis cohérents, disciplinés, qui, selon que la majorité les appuie ou se retire d'eux, alternent au pouvoir devant un roi réduit au rôle de spectateur. Ces deux partis affectent d'abord la forme de deux coalitions opposées de familles puissantes qui disposent de plusieurs centaines de siéges parlementaires par le moyen des bourgs de poche et des bourgs pourris. Elles font entrer par cette voie à la Chambre des communes nombre de leurs créatures.

Les élus de la masse populaire sont en infime minorité. Le gouvernement anglais ressemble alors à une compagnie financière où quelques gros porteurs ont accaparé presque toutes les actions et formé deux syndicats rivaux, qui se font représenter par leurs membres ou par des prête-noms dans l'assemblée générale, — c'est ici la Chambre des communes, — dominent ou achètent au besoin le peu d'actionnaires restés indépendants et se disputent le choix des gérants, — c'est-à-dire des ministres. Celui des deux syndicats qui domine par le nombre dans l'assemblée, peut, s'il reste uni, rendre la position intenable aux ministres, et il ne s'en fera pas faute, à moins que ceux-ci ne soient à son gré, — ce qu'ils ne seront tout à fait que s'ils ne font qu'un avec les chefs mêmes que le syndicat s'est donnés. Les ministères sont donc formés, à chaque instant, des principaux du parti qui est en majorité à la Chambre des communes. La faveur du Roi n'est pas de force à en maintenir d'autres. Naturellement le groupe qui monte au pouvoir n'a aucune raison de faire une part à ses adversaires; il n'a pas trop de places pour ses membres et ses amis. Les cabinets sont donc tout entiers d'une seule couleur. En outre, la présence et la menace constante d'un ennemi qui ne manquerait pas de donner l'assaut s'il soupçonnait des divisions ou des défections dans la garnison de la place, contribuent à entretenir, au sein du même parti, une exacte obéissance des soldats aux officiers et des officiers à leur chef. En résumé, deux grands partis opposés, l'un et l'autre très-homogènes et disciplinés, chacun porté tour à tour aux affaires en la personne de ses *leaders*; le Roi, impuissant à côté d'eux, mais continuant à être le dépositaire apparent et respecté du pouvoir; voilà bien, je crois, dans ses grands traits et ressorts, le mécanisme du gouvernement parlementaire, tel qu'il fonctionne sous nos yeux.

On voit sans peine ce qu'une telle combinaison a de forcé, d'exceptionnel, d'artificiel, de contre nature en quelque sorte ; on mesure ce qu'elle suppose de calcul et de *self-control* dans les acteurs politiques ; on pressent ce qu'elle a pu devoir à une heureuse rencontre de circonstances. L'établissement oligarchique du dix-huitième siècle était indispensable pour la faire d'abord réussir. Une démocratie y aurait échoué. Il est permis de douter, par exemple, que sous un régime plus voisin du régime populaire, les partis eussent pu se constituer originairement avec assez d'autorité et de crédit, de suite et de ténacité, d'orgueil et de modération pour faire échec sans le renverser à un trône encore entouré de prestige. Il ne fallait pas moins pour cela qu'une fière aristocratie, soutenue et contenue par la conscience d'être voisine et congénère de la royauté. — Il est permis de croire que, sous un régime populaire, la variété des opinions, la divergence des intérêts, les sautes des passions dans les masses auraient engendré à la Chambre un état inorganique et discordant, une sorte de chaos mouvant, d'où une multitude de petits groupes n'auraient émergé un instant que pour se dissoudre, et qui n'aurait pu servir de base à aucune division simple, à aucune classification durable des partis. Au contraire, les connexions héréditaires de deux groupes restreints de grandes familles, associées respectivement pour la conquête du pouvoir et la curée des places, rendaient à peu près certain qu'il n'y aurait pas plus de deux grands partis qui comptent, et que la composition de ces partis, whig ou tory, serait remarquablement stable. — Les élus des bourgs de poche n'avaient à regarder que d'un seul côté, vers le chef parlementaire que leurs nobles patrons leur avaient désigné ; l'obéissance leur était facile ; elle était pour eux un devoir de famille ou de clientèle ; les opinions théoriques ne les troublaient que rarement dans ce préjugé respectable ; loin de leur créer un titre, elles n'auraient servi qu'à les disqualifier aux yeux de leurs maîtres[1]. Ils ont pu fonder sans effort la tradition de la discipline. Les élus des colléges populaires, forcés d'avoir toujours l'œil sur leurs commettants, non moins préoccupés de les satisfaire que de déférer aux ordres de leur *leader* à la Chambre, travaillés souvent par des convictions doctrinales person-

---

[1] « Qu'est-ce à dire ? » dit, dans un roman de Disraeli, le duc de Monmouth à son petit-fils Coningsby, qui annonce l'intention de voter au Parlement selon sa conscience. « Vous votez avec votre famille, monsieur, comme un gentleman. Vous n'avez pas à considérer vos opinions comme ferait un philosophe ou un aventurier. »
DISRAELI, *Coningsby*.

nelles ou asservis aux opinions de leur milieu local ou spécial, n'auraient probablement pas réussi à observer d'une manière suivie la règle d'obéissance, à la faire passer dans les habitudes par une longue pratique, à l'ériger en article de bien-séance et d'honneur parlementaires. — Enfin, pas davantage n'aurait pu s'accré-diter et prévaloir l'usage que les cabinets se retirent sur une mise en minorité. — S'il est devenu possible, pratique et sans danger qu'un vote de la Chambre des communes renverse un ministère, c'est que le parti adverse tenait toujours prêt un autre ministère, constitué d'avance et en état de prendre le pouvoir dès le lende-main, de sorte qu'aucun interrègne n'é-tait à craindre. Il est permis de douter que dans une Chambre largement repré-sentative de toute la variété changeante des opinions et des intérêts, une combi-naison aussi complexe qu'un cabinet eût pu être de longue main ménagée, et tenue constamment à jour. Chaque fois les rênes du char seraient probablement tombées à terre, et le pays aurait dû se passer pour un temps d'être gouverné, jusqu'à ce qu'un groupe formé hâtivement, au hasard ou de guerre lasse, montât au siége et imitât avec effort la figure et l'attitude d'un gouvernement véritable. Ainsi, l'une des maximes fondamentales du régime, à savoir que tout ministère mis en minorité se retire, n'aurait pu engendrer que le désordre et l'anarchie; le Parlement n'aurait été ni justifié ni encouragé à l'établir; il aurait cherché sans doute quelque autre expédient.

En résumé, déposséder la royauté en ménageant le prestige du trône, réduire pratiquement à deux les partis en présence dans une Chambre très-nombreuse, les rendre propres à servir de base au gouvernement, en assurant leur

homogénéité, leur stabilité, leur discipline intérieure, faire en sorte que, par la
retraite instantanée des ministres sur un
vote de défiance, l'harmonie soit rétablie
aussitôt que troublée entre la majorité de
la Chambre des communes et le gouvernement, autant de conditions délicates, et
en certains cas contradictoires, impossibles
à réaliser pour la première fois par un
Parlement qui aurait été véritablement
une Assemblée nationale, et qui aurait
représenté fidèlement la masse incohérente et mobile du peuple. Mais le Parlement n'était alors qu'un lieu de rencontre pour les délégations de deux
groupes restreints de grandes familles ; il
a dû à ce caractère de pouvoir mener à
bien cette œuvre de patience et de constance, de discrétion et de mesure : la
création des institutions parlementaires
modernes.

Après 1832, l'Angleterre a pu, tout en

se rapprochant du régime populaire, conserver les usages introduits, les habitudes
acquises à la faveur d'un régime différent.
Elle a continué tout naturellement des
pratiques consacrées par d'heureux résultats qui en faisaient un sujet d'orgueil
national. D'autres pays, encore plus dé-
mocratisés, ont pu adopter les principes
et observer les règles de cette première
forme révélée du gouvernement libre. Ils
en ont tiré des fruits de justice, inconnus aux sociétés aristocratiques. Ni ces
pays, ni l'Angleterre d'après 1832, n'auraient été capables d'inventer les premiers ces principes et ces règles, de les
appliquer avec succès sans maîtres ni
leçons, sans exemples et sans précédents,
de leur concilier patiemment l'opinion
et les mœurs. La démocratie a copié,
adopté, fait vivre tant bien que mal le
régime parlementaire. Elle n'était pas qua-
lifiée pour le découvrir et le fonder. Sans

l'oligarchie anglaise du dix-huitième siècle, à l'ombre de laquelle il a pu grandir et prendre vigueur, ce type supérieur du gouvernement libre ne serait pas venu au jour et serait resté ignoré du monde.

V

LA GRANDE INDUSTRIE. — LES DEUX NATIONS.

Tandis que la gentry rurale assied, comme pour l'éternité, sa domination sur les hommes et les choses, un événement s'accomplit à côté d'elle, qui commence par servir ses desseins, par aider au succès de ses démarches, mais qui bientôt après les contrarie et qui finira par ruiner son œuvre, au moment même où cette œuvre paraît consommée et indestructible. C'est la naissance et le développement de la grande industrie mécanique.

J'ai essayé de montrer que l'Angleterre est entrée plus tard qu'on ne l'a cru, et non sans hésitation, dans la voie économique où elle marche aujourd'hui la première. Dès la fin du dix-septième siècle, plusieurs conditions d'un progrès industriel régulier paraissent réunies. L'année 1700 trouve les Anglais en possession d'une marine de commerce puissante, suscitée par l'Acte de navigation. Ils disposent d'un large marché colonial où ils peuvent puiser largement des matières premières; ils y écoulent par privilége les marchandises manufacturées de la métropole. L'industrie a donc, dès cette époque, de vastes débouchés; elle est invitée et comme excitée à produire. Plusieurs institutions, instruments nécessaires et signes certains d'une production active, ont déjà paru. La poste aux lettres fonctionne; la Banque d'Angleterre a été fondée en 1694. La même année a commencé, avec la dette perpétuelle, la faculté d'entreprendre des œuvres publiques fécondes et de longue portée, sans surcharger le présent; l'horizon de la prévoyance et de la confiance s'est étendu pour l'État et pour les particuliers. Une refonte des monnaies vient d'être opérée selon les vrais principes économiques. Des associations de capitaux ont été formées ; les compagnies de commerce se multiplient et lancent leurs vaisseaux sur toutes les mers. Le pays a déjà ressenti la fièvre des grandes spéculations, cédé à l'entraînement des grandes aventures. Toutefois, ces circonstances propices et ces stimulants ne réussissent qu'à animer, sans l'exalter, l'activité industrielle, et leurs effets ne vont pas jusqu'à modifier sensiblement l'équilibre des différentes forces économiques. J'en ai cité plusieurs preuves ; en voici une qui les résume. Le développement rapide de la richesse industrielle a en général pour effet un entrain et une confiance qui se traduisent par un accroissement de la natalité. Or, la population de l'Angleterre

et du pays de Galles, d'après le calcul le
plus favorable, ne s'est élevée que de
5,134,516 à 6,039,684 entre 1700 et
1750, c'est-à-dire qu'elle a gagné moins
d'un million d'âmes en 50 ans, de 17 à
18 0/0 du nombre initial. C'est exactement le chétif taux d'accroissement de la
France actuelle (1831 à 1881)[1].

L'ignorance des vrais principes économiques, la sécurité indolente qu'entretient la protection, le peu d'avancement
de la science et des procédés qu'elle fournit à l'industrie étaient alors comme autant
d'obstacles au progrès. Après 1750, et
coup sur coup, s'accomplissent six grandes découvertes qui sont destinées à
transformer les conditions du travail. En
1769, Arkwright invente son « water
frame » ; en 1770, Hargreaves, sa « spin-
ning jenny » ; en 1776, Crompton, sa

[1] Toynbee, d'après Finlaison. *The indust. revol.*, p. 33

« mule » ; en 1792, Kelly, sa « self-acting mule ». Ces inventions trouvent un multiplicateur dans la « machine à vapeur » qui, brevetée par Watt en 1769, est appliquée en 1785 à l'industrie du coton, l'année même où Cartwright construit son « power-loom ». Ces perfectionnements ne donneront tous leurs résultats que dans notre siècle. Le brevet d'Arkwright tombe dans le domaine public vers 1790. Le power-loom de Cartwright ne sera appliqué sur une grande échelle qu'en 1815, et la self-acting mule qu'en 1825, après le perfectionnement de Roberts.

D'autre part, la fonte au charbon de terre a été trouvée entre 1740 et 1750, et les soufflets mus par la vapeur en 1788. La fabrication du fer et l'exploitation des mines s'étendent rapidement. De nouvelles voies de communication se créent pour l'écoulement de ces marchandises. En 1777, le Grand Trunk canal entre le Trent

et la Mersey est terminé ; Hull et Liverpool sont unis entre eux et avec Bristol
par un autre canal. En 1792, une voie
d'eau de 90 milles de long est établie
entre Londres et les villes du centre par
Oxford. En 1810, la canalisation est
presque au complet. Les routes de terre
se multiplient dans une proportion plus
grande encore et sont entretenues avec
soin. Les chemins de fer ne paraîtront
que plus tard, et leur action ne se fera
sentir qu'après le premier tiers de notre
siècle. Mais, en somme, dès 1780, la
révolution industrielle est en cours.

Les effets ne se font pas attendre. Tout,
même la subsistance et l'effort de l'homme,
se résout en une production de calo-
rique et peut s'évaluer en kilogrammmètres.
On a calculé que le rendement annuel des
mines de houille seules, converti en travail, s'exprime par le même chiffre que le
produit de 18 millions d'hectares em-

ployés à nourrir des chevaux ou de 126 millions d'hectares employés à nourrir des ouvriers [1]. C'est donc comme un nouveau territoire, immense et prodigieusement fertile, qui s'ouvre à côté de l'ancien. Cette perspective stimule et provoque la natalité. On a vu que la population ne s'était accrue que d'environ $1/6^e$ dans les cinquante premières années du dix-huitième siècle ; elle augmente de plus de moitié de 1750 à 1800, de près de 90 0/0 de 1800 à 1850 et de plus de 50 0/0 dans les trente années qui suivent. A dater du commencement du siècle, la population agricole est stationnaire ou décroît. Tous ces prodigieux excédants que révèlent les recensements décennaux appartiennent donc à la population industrielle et commerciale. Un peu après 1860, les deux masses seront entre elles comme 1 est à

---

[1] LEPLAY, *Constitution de l'Angleterre*, liv. I, chapitre VI.

2,675, et les valeurs qu'elles créent se
chiffreront respectivement par 3,500 et
5,800 millions de francs. L'équilibre était
rompu bien avant, probablement depuis
le commencement du siècle. Cette multitude d'êtres humains se présente dès
l'origine comme une seconde nation, précipitamment et artificiellement éclose à la
chaleur de ces fournaises partout allu-
mées. Elle ne se mêle pas intimement à
l'autre et ne se répartit pas également sur
le territoire. Elle s'établit surtout dans
les espaces vides, autour des nouveaux
centres miniers, ou dans de petits bourgs
qui ne figurent pas dans les fastes antiques de la vie municipale et qui ne sont
pas encore comptés dans l'état de situation économique du pays. C'est le Nord,
à peine peuplé jusqu'alors, qui a le profit
presque entier de l'augmentation. En
1700, les dix comtés classés les premiers
pour la densité de leur population, en

dehors des comtés métropolitains, étaient tous au sud de la latitude de Birmingham. En 1750, sur les dix, il y en a quatre au nord de cette latitude ; il n'y en a pas aujourd'hui moins de six.

C'est surtout la vie urbaine qui gagne par cet afflux d'hommes. Londres était, en 1680, la seule grande agglomération du royaume. D'autres grandes villes s'élèvent maintenant qui « croissent comme la flamme et ne cessent de tendre vers un abîme de grandeur ». Ce ne sont pas les vieilles cités historiques, Bristol, Norwich, York, Exeter ; celles-ci s'étendent, mais lentement. C'est Liverpool, qui, de 4,000 habitants en 1685, s'élève à 40,000 en 1760, 517,980 en 1891 ; Manchester, qui passe par les chiffres de 6,000 habitants en 1685, 40 à 45,000 en 1760, 95,000 en 1801, 505,368 en 1891 ; Birmingham et Sheffield, qui, moins peuplés que Manchester en 1685, approchent du

chiffre de 30,000 habitants en 1760,
atteignent respectivement 74,000 et
46,000 en 1801, et sont aujourd'hui à
478,113 et 324,243. Les noms de ces
villes étaient peu connus ou sans retentissement au seizième siècle. C'est donc
comme une Angleterre nouvelle qui s'a-
joute à l'ancienne, je dirais volontiers
comme une contrée soulevée, qui émerge
et adhère par les bords au vieux continent. Les générations hâtives qui cherchent de l'espace s'y jettent comme sur
un sol vierge et créent de rien pour ainsi
dire leur propre milieu, étranger aux traditions et aux idées qui règnent dans les
campagnes et dans les centres plus anciens. Les conditions mêmes du travail
aggravent cette différence. J'ai montré
que l'industrie, dans son premier développement de date moderne, était sortie
des villes à corporations, s'était établie
dans le plat pays, et qu'elle y était associée

à la culture du sol, à la vie de famille, à plus d'une habitude patriarcale. Le tisserand était alors propriétaire de son métier. Lorsque le perfectionnement des agents mécaniques s'est complété, la nécessité de grouper les ouvriers dans le voisinage du moteur met fin à cet état transitoire, à ces formes mixtes d'activité. Les campagnes se vident de tout élément non rural. Le régime de la grande manufacture urbaine paraît avec tous ses caractères : concentration des capitaux, division du travail, entassement et promiscuité qui rapprochent les corps sans unir les âmes, séparation tranchée du patron et de l'ouvrier, et, par contre, fusion en un seul être de l'homme et de l'engin, en sorte que le travailleur n'est plus le maître d'un métier qu'il met lui-même en mouvement, mais le serviteur aux gestes comptés, au regard inquiet ou stupide, d'une machine à laquelle la vapeur imprime son rhythme brutal. Les yeux mêmes avertissent qu'on pénètre ici dans un monde nouveau. Sir Robert Peel disait, en 1806, que les progrès de la mécanique avaient créé « une race d'hommes supplémentaire ». C'est bien, en effet, comme une autre race qui entre en scène avec des instincts, des passions, des souffrances, des griefs, des idées, des coutumes, des lois qui lui sont propres. Il y a désormais deux peuples distincts en Angleterre, ces deux peuples que Disraeli et Mrs Gaskell ont mis en présence ou en regard dans *Sybil* et dans *Nord et Sud,* et le dernier venu va croissant si rapidement que, parti de rien pour ainsi dire, il comprend en 1871 plus des 4/5ᵉ de la population laborieuse [1].

Dans ce monde doublé et qui a désormais deux pôles, le système social et politique créé par la gentry est, pour ainsi

[1] Le Census de 1891 compte les agriculteurs pour un peu plus de 10 pour 100 de la population laborieuse totale

dire, en porte à faux. La raison n'admet pas, la force des choses ne souffre pas que toute une portion de la société, la plus jeune, la plus ardente, bientôt la plus nombreuse, celle qui a le plus sujet de se servir de la loi et du gouvernement à cause des intérêts nouveaux et des besoins imprévus que le progrès suscite, se voie refuser tout contrôle sur le gouvernement et sur la loi. Un plus juste partage de l'influence devait à la longue prévaloir. Et cette fin était d'autant plus certaine qu'en concentrant toutes les terres entre ses mains pour élargir la base agraire de son pouvoir, la gentry en avait restreint la base sociale et affaibli le titre numérique par la dépopulation des campagnes. Chaque recensement d'où ressortait une diminution relative de la masse rurale en même temps qu'un accroissement marqué de la masse industrielle, rendait plus difficile l'apologie et le maintien d'un privilége exclusif au profit de celle des deux masses qui allait déclinant.

Une cause plus profonde encore isole, à la fin du dix-huitième siècle, l'Angleterre rurale : c'est l'économie politique toute particulière qu'elle professe. A cette époque, dans tout le monde industriel, l'entraînement du progrès tend à faire considérer la production maximum comme une sorte de souverain bien. Le maximum de la production ne se rencontre que là où aucun obstacle élevé par les lois et les mœurs n'empêche les choses de passer dans les mains les plus propres à les exploiter, ni ces mains de s'en saisir et de les faire valoir. La libre circulation des capitaux, le libre déplacement des capacités, telle est la double règle qui se dégage du monde nouveau sous une forme de plus en plus absolue. Un troisième principe, c'est que l'homme et le capital, pour être excités à produire, doivent être assurés de recueillir tout le fruit de leur activité; ce qui implique que les indolents et les faibles soient abandonnés aux conséquences de leur indolence et de leur faiblesse, et ne deviennent pas une charge pour les méritants et les forts. En d'autres termes : la part de chacun doit être mesurée sur la valeur des services qu'il a rendus, non sur la grandeur des besoins qu'il éprouve.

Les doctrines en crédit dans la gentry rurale et ses pratiques sont exactement l'opposé de ces maximes. On a vu déjà les grands propriétaires reconstituer par les settlements une sorte de mainmorte à leur profit; la terre sort de la circulation et devient objet de monopole plus ou moins forcé entre les mains d'une classe de jour en jour moins nombreuse. Le propriétaire inégal à sa tâche ne peut pas vendre; toute une catégorie de preneurs empressés, le petit paysan, fidèle amant

de la terre, ne peuvent pas acheter.
D'autre part, le droit de propriété du sol
se démembre ; il n'en subsiste qu'un type
incomplet de *dominium*, un droit de
jouissance avec obligation de rendre qui,
pris en lui-même, est difficilement com-
patible avec les nécessités d'une bonne
gestion. Spectacle singulier ! Nous avons
suivi le grand propriétaire dans l'exercice
de ses innombrables fonctions publiques,
nous avons mesuré son crédit, fait lon-
guement le tour de son autorité. Quand,
l'esprit occupé et comme distendu par
l'image de cette toute-puissance, nous
revenons avec lui sur son domaine, ce
personnage, ce *roi* se révèle à nous
comme le plus impuissant des hommes.
Usufruitier timide, il ne peut ni vendre
une parcelle, ni consentir une hypothè-
que pour couvrir les avances que la terre
réclame. Il ne peut pas couper un arbre,
il n'a pas le droit de consentir un long

bail. Un homme de loi l'accompagne en toutes ses démarches, déconcerte par des objections juridiques ses projets les plus sensés et les plus utiles, ou l'aide subtilement dans les plus simples actes de propriétaire, devenus matière à grave responsabilité. Sa seule ressource est de se pourvoir, dans les cas rares où cela est permis, d'une autorisation devant la cour de chancellerie. Le contraste éclate à tous les yeux.

La position faite au fermier n'est pas moins antiéconomique que celle du grand propriétaire. Le droit de saisie, tel qu'il a été organisé au dix-huitième siècle, sacrifie le créancier, menace le sous-locataire ; la conséquence est que le fermier ne peut que très-difficilement, ou trouver les fonds dont il a besoin, ou s'alléger d'une partie de son exploitation. Le bail résiliable d'année en année a des effets plus désastreux encore. Le *tenant at will* n'est plus assuré de garder le fruit de son labeur, ni de recueillir le produit de ses améliorations ; il perd le goût de se livrer à une culture intensive ou d'appliquer une agronomie perfectionnée. Une politique sentimentale peut estimer qu'il est assez garanti par les habitudes de modération et de constance des propriétaires, par la fidélité honorable qui unit les personnes et les familles des deux classes à travers les générations. L'économie politique ne fait pas ainsi fond sur les vertus humaines. Que le fermier d'un maître bienveillant éprouve un sentiment de pleine sécurité et ne craigne pas de faire des avances à la terre, cela est possible ; mais comment ce fermier s'y prendra-t-il pour communiquer la même confiance au banquier dont le crédit lui est indispensable ? Là aussi, l'Angleterre rurale, mise en demeure de résoudre le difficile problème des relations entre le propriétaire du sol et l'exploitant, s'est prononcée pour la solution la plus directement contraire aux doctrines de Smith ou de Young. Les positions qu'elle occupe au commencement de ce siècle paraissent de plus en plus instables et menacées, au milieu d'un monde dont toutes les forces tendent vers un autre équilibre.

Toute disproportion excessive entre les puissants et les faibles provoque l'intervention de l'État, gardien de la justice distributive, et recommande les expédients socialistes. La gentry rurale l'a pressenti; elle a pris les devants. Il n'y a pas d'histoire plus curieuse que celle qui nous fait voir une variété particulière de socialisme, celle qu'on a appelée le socialisme *tory*, se développant à la fin du dix-huitième siècle du même mouvement que le régime des *latifundia*. C'est comme une compensation spontanément offerte à côté de l'abus qu'on entend perpétuer, comme un lénitif appliqué au mal irritable qu'on craindrait d'attaquer dans son principe. La taxe des pauvres du temps d'Élisabeth n'était pas, à strictement parler, une mesure socialiste; elle distingue les vieillards et les infirmes des gens valides; les derniers ne reçoivent pas proprement de secours; on leur procure et on leur impose un travail. Aux autres, c'est la paroisse elle-même, c'est-à-dire une sorte de famille agrandie, qui fait la distribution sous le contrôle et dans l'esprit de charité de l'Église. Après 1782, l'institution se présente avec un caractère tout nouveau. L'extension des *latifundia* a déraciné, refoulé, entassé dans certaines localités une multitude vouée à la misère et à la dégénérescence. Il faut que la gentry avise elle-même pour éviter que l'État soit mis en demeure d'intervenir. Sur tout le territoire, les ordonnances des juges de paix commencent à réunir les paroisses pour l'assistance des pauvres. Ce sont de vrais districts civils qu'ils créent. Une bureaucratie beaucoup plus éloignée des assistés, placée sous la dépendance étroite des *magistrates*, octroie les secours dans l'intérêt tout temporel de la paix publique, de la tranquillité et du *decorum* que la gentry entend maintenir autour d'elle. Pendant plus de cinquante ans, la volonté de la loi et la pratique avaient été que le pauvre ne doit recevoir aucune aide, s'il refuse d'être logé, c'est-à-dire enfermé, dans une maison de travail. Les secours à domicile — *outdoor relief* — n'étaient pas permis, c'est-à-dire qu'on ne secourait pas les indigents chez eux. L'*outdoor relief* est évidemment un encouragement à la paresse et à l'imprévoyance. Un acte de **1782** légalise de nouveau cette pratique détestable. On suppose sans doute qu'une maigre pitance suffira pour fermer ces bouches qui gémissent. Le secours à domicile prend rapidement le caractère d'un supplément au salaire insuffisant, puis d'un complément qui sert à rétablir le salaire réputé normal. En dernier lieu, c'est le nombre des personnes à entretenir qui en donne aveuglément la mesure. Le 6 mai 1795, — date mémorable, — à *Speenhamland*, les magistrates du Berkshire prennent un arrêté par lequel ils déclarent qu'à l'avenir, des prestations calculées seront faites pour le soulagement des ouvriers pauvres et de leurs familles ; ils fixent en conséquence une échelle de secours proportionnée au prix du blé et au nombre des enfants. A peine l'arrêté est-il connu qu'il en est fait bruit dans toute l'Angleterre. Ces étranges prescriptions sont copiées, rééditées par les magistrales d'un grand nombre de comtés, et elles rencontrent une obéissance si empressée dans la gentry rurale, que le public les désigne sous le nom d' « acte

de Parlement de Speenhamland », signi-
fiant par là qu'elles ont toute l'autorité et
la vertu d'une loi générale. Les effets ont
été ceux qu'on pouvait attendre : démoralisation, multiplication des unions irré-
gulières, accroissement énorme de la taxe
des pauvres [1]. Voilà bien, je crois, le socialisme, et l'on en distingue aisément le
tour particulier. Ce n'est pas l'État qui
en est le cadre; mais c'est un large district où l'action risque de devenir imper-
sonnelle et sommaire comme celle de
l'État. On mesure l'assistance aux besoins,
non aux services, et l'on aboutit à fixer un
minimum de salaire où le prix du travail
et l'aumône officielle s'ajoutent comme
deux quantités complémentaires, de manière à former invariablement le même
total. La même tendance paraît dans une

[1] D'après le rapport du 25 mars 1832, sur 7 millions
sterling que coûtait l'assistance des pauvres, 5 pour 100
seulement représentaient du travail. Tout l'excédant ser-
vait à défrayer des oisifs.

loi de 1819 qui octroie à chaque paroisse le droit d'acquérir de la terre dans une limite de 20 acres, portée plus tard à 50 (1 et 2, Will. iv), et d'y employer, à des salaires raisonnables, les pauvres en état de travailler. Ce sont de véritables ateliers nationaux agricoles. Évidemment, la gentry fait tout ce qui dépend d'elle pour soulager des misères et corriger des injustices nées du système sur lequel elle fonde sa toute-puissance. Elle prodigue les sacrifices pour le rendre tolérable ; elle essaye d'apaiser les déshérités qui dépendent d'elle, en leur ôtant le souci du pain quotidien. Elle ne voit pas, elle ne veut pas voir que c'est là une œuvre vaine et pour ainsi dire contre nature, et que tous ces baumes étendent la plaie qu'ils adoucissent. Elle ne voit pas surtout qu'elle se met en opposition flagrante avec les principes dirigeants du monde jeune, actif, individualiste, qui va montant autour d'elle, et que l'organisation dont elle est la tête en paraîtra d'autant plus vite comme étrangère et surannée. Elle n'évitera pas d'ailleurs l'intervention finale de 'État. Lorsque la concentration de la propriété et de la puissance dans un petit nombre de mains a été poussée jusqu'à cet excès, il devient inévitable qu'un jour arrive où le législateur soit sollicité de venir en aide aux dépossédés et de modérer les abus de la force, en édictant des règles qu'une bureaucratie sera chargée de faire observer. Le socialisme tory ne pouvait être qu'une solution provisoire, une forme inférieure et bientôt caduque du *socialisme d'État* rendu nécessaire par l'exagération accablante du monopole.

VI

LA MANUFACTURE ET LE MANOIR.

Tandis que le monde rural engendre l'oligarchie que j'ai dépeinte, une évolution non moins caractérisée se produit dans le monde industriel; elle a pour point de départ la paix d'une alliance spécieuse entre les manufacturiers et la gentry; elle aboutit à tout l'éclat d'un divorce. Avant même que l'industrie eût accompli des progrès marqués, les manufacturiers paraissent en possession d'un grand crédit; Adam Smith les montre formidables au gouvernement et assez maîtres de l'opinion publique pour être considérés comme les distributeurs de la popularité. Le Parlement tient compte de leurs réclamations ; ils obtiennent certaines lois tout à leur avantage et souvent fort gênantes pour les propriétaires terriens. On se demande comment la gentry a pu accueillir et voter celles qui soumettent la tonte des moutons et le transport des laines à des mesures en apparence intolérables[1]. Il est probable qu'au commencement ces mesures étaient beaucoup moins une concession à l'intérêt d'une classe puissante que le résultat d'une erreur commune à toutes les classes, celle qui faisait considérer comme le bien suprême d'un État d'y attirer et d'y retenir le plus possible de numéraire étranger. La gentry compte sans doute avec ces parvenus ; mais elle en a facilement raison par des transactions individuelles. A mesure qu'ils s'élèvent, on les circonvient.

[1] Adam Smith, liv. IV, chap. VIII.

C'est une proie riche et facile à saisir. Des mariages concilient les uns ; d'autres acquièrent un domaine, trouvent accueil auprès des squires, entrent dans les cadres de la propriété foncière et se préparent à y faire souche de gentlemen. Pendant toute cette première période, les manufacturiers prennent soin de leurs intérêts ; mais ils n'estiment pas que ces intérêts soient opposés à ceux de la grande propriété. Le même esprit de monopole pénètre les deux classes ; elles s'entr'aident, échangent les bons procédés et font alterner les lois favorables à l'une et à l'autre. Les priviléges de la gentry rurale n'irritent pas les hommes nouveaux que l'industrie a mis hors de pair. Ils ne sentent pas encore toute leur force ; d'ailleurs, leur nombre est peu considérable, leur élévation successive. Dès qu'ils affleurent à la surface, ils sont attirés un à un, absorbés par la classe dominante ; ils deviennent des « satisfaits », et leur exemple maintient, parmi ceux qui les suivent, le respect de l'organisation sociale qui prépare un tel couronnement à leur vie de labeur.

Les intérêts qui cherchent encore obscurément leur formule abstraite peuvent rapprocher les hommes ; ils ne les unissent pas, ne les fondent pas en une seule masse pour l'action. C'est comme une armée sans uniforme et sans drapeau ; elle aura la patience de la défensive ; elle n'aura pas l'élan et l'entrain de l'assaut. Les principes généraux peuvent seuls produire le degré de tension nécessaire pour mettre en branle et soutenir jusqu'au bout l'effort décisif. Ces principes étaient prêts dans le monde industriel. On n'a peut-être pas assez remarqué les rapports étroits qui unissent la théorie du libre échange et de la concurrence avec le culte de la nature, religion du dix-huitième siècle[1]. La doctrine d'alors, celle qui veut que la nature de l'homme ait une sûreté d'instinct qui supplée avantageusement aux efforts étudiés du législateur, une puissance de développement qui les déjoue, agissait sourdement dans les esprits et s'efforçait de tout ramener à elle. Le « laissez faire, laissez passer », n'est que la traduction de ce double principe dans l'ordre et sous la forme économiques. On en retrouve le premier terme dans l'optimisme d'Adam Smith, le second dans le fatalisme de Malthus et de Ricardo. Ce ne furent là longtemps que des théories de philosophes et de publicistes ; mais elles ne pouvaient pas manquer de gagner et se répandre. Quand Ricardo fut nommé membre du Parlement, elles y entrèrent avec lui (1819). Évidemment, le socialisme humanitaire conservateur que

[1] V. Toynbee, p. 20.

j'ai montré suggérant l'expédient de l'out-door relief, dictant la loi sur les fermes paroissiales, inventant le salaire normal dont l'appoint devait être fourni par la charité publique, était le contre-pied des maximes de la libre concurrence. Il y avait là une antinomie profonde et le principe d'une scission entre les deux Angleterre, rurale et industrielle.

La contradiction ne fut pas d'abord très-sensible. Les manufacturiers furent lents à se défaire des idées de monopole. Le traité de 1786 avec la France était un simple adoucissement du régime de la prohibition ; il n'indiquait pas une conversion sérieuse des intéressés au régime contraire.

C'est vers 1820 seulement que la doctrine de la liberté économique s'empare décidément des esprits, démasque les préjugés courants, se fait reconnaître comme une vérité pratique, s'adresse avec

confiance à l'opinion et entreprend de
pénétrer dans les lois. De cette année date
la pétition présentée au Parlement par les
marchands de Londres. On y démontrait
le désastreux effet des droits prohibitifs
et protecteurs, et des lois qui avaient la
prétention de réglementer le commerce.
Dès lors, l'impulsion est donnée. La
Chambre de commerce d'Édimbourg rédige une pétition dans le même sens. Un
comité de la Chambre des communes présente un rapport qui est un véritable
manifeste libre échangiste. En 1823, les
marchands de Londres réclament avec
plus d'énergie encore l'abandon du système restrictif, « quand même » (ce sont les
termes de la pétition) « les autres nations
tarderaient à établir la réciprocité ». Le
législateur cède enfin à une pression qui
est devenue irrésistible. En 1822-23, le
privilége exclusif établi par les lois de
navigation au profit du commerce anglais

est atténué ; il sera entièrement supprimé en 1849. En 1825, on voit tout ensemble tomber l'interdiction légale contre l'exportation de la laine et s'adoucir l'interdiction légale contre l'exportation des machines (celle-ci ne disparaîtra complétement qu'en 1843). La même année, les pénalités portées contre les personnes qui embauchent des ouvriers pour l'étranger et contre ces ouvriers eux-mêmes, sont abolies. A l'intérieur, on concède à la classe laborieuse la liberté de se coaliser et de faire des grèves pour obtenir une élévation de salaires. Il est impossible de parcourir les textes législatifs de la période qui s'étend de 1820 à 1830 sans avoir la sensation d'une société économique nouvelle, hardie, libérale, progressive, en contraste absolu avec la coterie inerte et bornée de ces premiers « lords du coton » — comme on les appelait — si vite absorbés et assimilés par la noblesse terrienne. Il est évident qu'une lumière a touché les yeux de ces nouveaux venus; ils savent, voient et croient; un esprit de concurrence et de liberté, un optimisme qui ne craint pas, qui recherche au contraire le combat pour la vie, un goût de large circulation, mobiles inconnus à la génération précédente, les pénètrent, les éloignent de l'aristocratie rurale, les opposent à elle. Dès lors, la lutte est ouverte entre l'ancienne Angleterre et la nouvelle, entre la manufacture et le manoir. La classe des grands industriels n'a pas seulement la conscience de sa force, de son importance dans l'État. Elle a une foi commune, des principes à servir, une suite bien liée d'idées à faire prévaloir. Deux groupes d'intérêts forment les masses en bataille : deux conceptions économiques leur servent de bannières. Exclue jusqu'alors du monde politique, la classe nouvelle y revendique une place, la dispute avec l'aide de l'opinion, l'obtient

enfin de ses adversaires déconcertés. L'acte
de réforme de 1832 consacre en sa faveur
le partage du pouvoir. Mais ne croyons pas
que cette réforme mémorable soit simplement la conclusion d'un débat d'intérêt
entre les deux classes supérieures de la
nation; elle est le commencement d'une
autre ère; elle déchaîne un courant où le
peuple entier finira par entrer et qui empor-
tera l'Angleterre vers un type social d'abord
à peine entrevu. Une politique nouvelle
qui, d'année en année, prend force, conscience et hardiesse, pénètre dans le corps
électoral et, de là, dans le Parlement; elle
s'insinue dans les esprits, se concilie les
mœurs, s'étend et s'affermit par toute une
suite de lois. La vieille Angleterre étonnée
lui cède presque sans résistance; tous les
événements conspirent, tous les partis se
prêtent à faire prévaloir cette conception
toute moderne de la société, de l'État et de
la loi. Il en sortira, en moins de soixante

ans, une nation entièrement transformée où ceux même qui l'ont faite se sentent presque étrangers, tant l'évolution a été spontanée, rapide et irrésistible.

VII

L'ÉVOLUTION DÉMOCRATIQUE, LA LÉGISLA-
TION AGRAIRE ET LA RÉFORME ADMINIS-
TRATIVE. — CONCLUSION.

Une phrase résume cette évolution :
« L'Angleterre a tendu à devenir, elle est
devenue, en effet, une démocratie. »

Constitutionnellement, les étapes successives de cette transformation sont
marquées par les lois de 1832, de 1867
et de 1884; l'acte sur le scrutin secret
et l'acte d'ensemble sur la corruption
électorale s'échelonnent entre les deux
dernières et les complètent. Il faut reprendre l'un après l'autre chacun de ces
grands textes et en caractériser brièvement

le contenu, les causes, l'esprit et les effets.

L'acte de réforme de 1832 n'a eu à aucun degré les apparences ni la réalité d'une mesure démocratique. A la vérité, il supprimait un grand nombre de bourgs de poche et de bourgs pourris, où le droit d'élire un membre au Parlement était devenu la propriété privée de certains individus puissants qui en abusaient ou en trafiquaient. En outre, les cent quarante-quatre sièges rendus ainsi disponibles étaient assignés, soit aux comtés les plus importants, soit à d'autres villes ou bourgs dont la liste comprenait tous les grands centres industriels. Par ces deux dispositions la loi atteignait gravement l'influence de l'aristocratie; mais, d'autre part, elle relevait dans presque tous les collèges le chiffre du cens électoral, et elle introduisait dans les collèges de comté une classe nouvelle étroitement dépendante de

la gentry, les « tenants at will » [1]. Il y
avait là plus que compensation, et l'on a
pu dire, non sans quelque raison, que
l'acte de réforme, pris en lui-même, était
l'une des mesures les plus rétrogrades que
le Parlement eût jamais votées. L'allégation était fausse sous cette forme extrême ;
ce qui est vrai, c'est que les auteurs de la
loi n'eurent à aucun degré l'intention ou
même l'idée d'accorder un commencement
d'influence aux classes inférieures, et ils
n'eurent pas davantage le soupçon qu'ils
leur ouvraient la voie pour le partage final
du pouvoir. L'un des chefs du parti whig
affecta de dire et réussit peut-être à croire
que l'acte de réforme de 1832 serait le
dernier en son genre et que la question
était close désormais [2]. Jamais esprits
ne furent plus fermés à l'idée qu'une fata-

[1] Ajoutez que le corps électoral réformé dépassait à
peine 4 pour 100 de la population totale.
[2] Lord John Russell en 1837.

lité, une force des choses irrésistible entraîne les sociétés modernes vers la démocratie.

Les parlements issus du nouveau « pays légal » présentent un double caractère. On a vu que les sièges enlevés aux *pocket boroughs* et à d'autres localités insignifiantes avaient été répartis entre les comtés les plus peuplés et les grandes agglomérations urbaines. La Chambre devient donc plus sincèrement, plus effectivement représentative ; elle a surtout l'idée qu'elle doit se conduire comme si elle l'était ; elle est sensible à l'opinion. L'opinion est, dès cette époque, une puissance ; elle dispose par la liberté de la presse, par les droits d'association et de réunion, de tous les moyens de se former et de se connaître, de se propager et de s'imposer ; chacun des deux partis veut l'avoir de son côté ; on cherche à la gagner par une ostentation d'activité et de zèle, on prend à tâche de la tenir éveillée pour l'occuper de soi ; on lui suggère des exigences pour se donner le mérite de les satisfaire. Aussi les parlements qui se succèdent de 1832 à 1867 sont-ils tous activement, presque toujours utilement réformateurs.

Seulement, — c'est le second point à bien dégager — ces réformes ne sont rien moins que démocratiques. Dans le grand effort législatif qui remplit ce second tiers de siècle on distingue clairement la préoccupation du bien public en général, du progrès, de la bonne et efficace administration, de la puissance et de la prospérité du pays ; mais, au fond, peu de sollicitude pour les classes inférieures, peu d'attention à leurs griefs, à leurs ambitions et à leurs préjugés. Il n'y a ici rien qui ressemble au gouvernement *pour* le peuple, encore moins qui annonce le gouvernement *par* le peuple. L'esprit qui domine à la Chambre des communes est double :

c'est celui d'un grand parti historique, l'aristocratie whig, avide d'action et de pouvoir, imbue à fond de son orgueil et de ses préjugés de classe supérieure, fidèle d'ailleurs à ses engagements traditionnels, par exemple envers les dissidents; c'est aussi et surtout l'esprit d'une classe moyenne industrielle, classe ascendante, optimiste, libérale, utilitaire, dure aux faibles et aux malchanceux, rompue d'ailleurs aux affaires, studieuse de bon ordre et de gestion correcte. Cette grande force sociale n'a pour commencer qu'un petit nombre de représentants dans la Chambre. Mais cette poignée de membres forme l'appoint de la majorité whig : il faut compter avec eux; ce sont eux qui donnent presque constamment l'impulsion et la direction. Leur main se trahit d'abord dans cette grande « poor law » de 1834, si judicieuse et si efficace, mais où se manifeste clairement le préjugé dédaigneux d'une société laborieuse et prospère contre l'indigence; la loi punit le pauvre, elle le balaye comme un rebut hors du chemin et de la vue des heureux. L'égoïsme de l'aristocratie whig se manifeste de son côté non moins clairement dans le régime fiscal de la période, tout au moins dans celui des vingt premières années. Le législateur évite avant tout de charger la propriété foncière; ce sont les objets de consommation qui portent en général le poids des taxes nouvelles[1]. Il n'y aura d'allègement de ce côté qu'à partir de 1853, et ce n'est guère que dix ans plus tard que commencera pour ne plus s'arrêter la série des dégrèvements.

[1] Par exemple, en 1840, une augmentation des impôts ayant été jugée nécessaire, on la fit porter presque uniquement sur les droits d'importation et sur les droits d'excise. Le résultat fut d'ailleurs démonstratif. Les classes inférieures étaient, dès lors, tellement surchargées qu'elles auraient dû prendre sur leur nécessaire le surplus ajouté à l'impôt. La consommation ne put se soutenir, et le rendement n'augmenta que dans une proportion insignifiante.

Si en 1846 « l'anti corn-law league »
arrache à l'aristocratie et à la gentry l'abro-
gation des lois sur les céréales, c'est à la
faveur de circonstances inouïes et grâce
à la hauteur de vues d'un grand homme
d'État à qui son parti ne pardonnera
point. Les manufacturiers qui ont mené
la campagne s'inspirent, non pas tant d'un
sentiment de bienveillance à l'égard des
masses laborieuses que d'un souci, d'ailleurs très honorable, de la grandeur du
pays et de sa prospérité économique. Leur
but est bien moins d'améliorer le sort des
classes pauvres que d'abaisser les prix de
revient de l'industrie anglaise et de développer largement le commerce national.
La philanthropie n'apparaît qu'exceptionnellement, par exemple dans cette série
de « factory laws » destinées à protéger la
femme, la jeune fille et l'enfant contre un
travail excessif. D'émouvantes enquêtes
avaient révélé l'intolérable état de misère,

de dégradation et d'oppression où s'étei-
gnait sans voix une partie des classes laborieuses. Le scandale était trop grand. Les
manufacturiers durent céder. Il est significatif d'ailleurs que presque aucune des
« factory laws » ne vise l'adulte mâle;
celui-ci est réputé capable de se défendre;
la loi le laisse seul débattre ses intérêts avec
son patron; on reconnaît ici l'esprit individualiste de la haute classe industrielle.
Elle professe que la liberté suffit à tout,
que le libre contrat est toujours équitable,
si grande que soit l'inégalité entre les con-
tractants. C'est en substance le principe
de la lutte pour la vie et de la sélection
naturelle, lequel ne fait qu'un avec le droit
du mieux armé et du plus fort.

Dans les matières de gouvernement et
d'administration, le législateur a la préoccupation visible de ne rien changer d'es-
sentiel au plan et à la structure de l'édifice
social. S'il travaille à l'avancement de

l'égalité et de la liberté religieuses, il n'a garde de porter atteinte à l'union séculaire entre l'Église et l'État; cette union ne sera attaquée de face qu'après 1867 par le « disestablishment » de l'Église d'Irlande (1869) et l'abolition virtuelle des «church rates » (1868). S'il adopte le principe de l'élection pour tous les corps administratifs locaux, il tempère par d'efficaces restrictions ce que ce principe a de populaire. Dans les « boroughs » la franchise établie par la loi de 1835 est à base très large, mais un cens d'éligibilité assez élevé et qui augmente avec l'importance du borough, réserve aux classes aisées l'accès des fonctions municipales. Partout ailleurs l'organisation reste relativement aristocratique. Dans les *vestries,* dans tous les boards locaux que des lois judicieuses échelonnent entre le comté et la paroisse, le suffrage plural donne un avantage décidé à la propriété foncière. Le seul « board » de même nature qui soit dépourvu de cette garantie est le « school board » ; mais précisément celui-ci ne sera organisé qu'en 1870. Enfin, dans presque toutes ces mêmes circonscriptions locales nouvelles, les *justices of peace* sont appelés à siéger comme membres de droit; ils sont adjoints à l'élément électif; ils le dominent de toute la hauteur de leur situation sociale; leur esprit est présent aux séances, même s'ils s'abstiennent d'y paraître. En somme, et si l'on embrasse d'un coup d'œil toute l'activité parlementaire et législative antérieure à 1867, on y reconnaît la marque d'une forte et mâle génération, glorificatrice de la richesse et du succès, pleine de foi dans la vigueur de la race et dans la vertu de la liberté, sèchement et parfois durement individualiste ; d'ailleurs amie du progrès et fertile en initiatives heureuses, mais prudente et décidée à maintenir le vieil édifice politique qu'elle met tout son art à mieux aménager pour des besoins nouveaux. En outre, on constate très nettement chez ces mêmes hommes le peu de force des idées et des mobiles, la rareté des déclarations et des actes indiquant l'acceptation, ou même le pressentiment de la transformation démocratique dès lors si prochaine.

Très différents de la loi de 1832 sont les actes de 1867 et de 1884; ils sont aussi de tout autre conséquence. L'un et l'autre s'inspirent d'un esprit nettement démocratique. Tous les deux abaissent ou suppriment les différents cens électoraux; le premier confère en fait le droit de suffrage à la presque totalité des ouvriers des villes; il en a fait entrer d'un seul coup dans le corps électoral plus d'un million, bientôt porté à deux et davantage par le progrès de la population et de l'aisance. Le second a eu surtout pour effet de qualifier les travailleurs agricoles, et il a ajouté de ce chef un nouveau million à la masse des électeurs. Avec ses cinq millions ou à peu près d'électeurs enregistrés, sur un peu plus de sept millions d'adultes mâles, l'Angleterre n'est plus maintenant bien loin du suffrage universel; elle en est certainement plus près que la France ne l'était en 1851, sous la loi du 31 mai. Sauf les domestiques, les pauvres secourus et l'ouvrier nomade, tous les individus majeurs — ou peu s'en faut — ont le droit de se faire inscrire comme électeurs. Les lois de redistribution qui ont accompagné ou suivi les deux actes principaux, ont successivement atténué l'inégalité numérique entre les collèges et rendu la représentation approximativement proportionnelle au chiffre de la population. Le système se fortifie et s'achève par la loi de 1872 sur le scrutin secret et par la loi de 1883 contre la corruption électorale; ces deux lois sont destinées à empêcher la pression, l'intimidation et la corruption dont peuvent user les *landlords* et les patrons à l'égard des paysans et des ouvriers ; elles garantissent, autant que le comporte l'infirmité humaine, l'indépendance, la personnalité, la moralité du vote.

Il faut, avant tout, dégager la conception politique nouvelle impliquée par tout cet ensemble de mesures statutaires ; car tout le reste en procède. Avant 1832 et même après, les seuls dépositaires de la souveraineté, les vrais titulaires de la franchise électorale, étaient d'antiques personnes morales, comtés, villes, bourgs, et parfois, sous ce dernier nom, « l'*intérêt* », comme on disait alors, d'un grand seigneur, ou d'un riche gentleman, assimilable, par la pratique familiale des *settlements*, à des corporations perpétuelles. Le titre au nom duquel tels ou tels individus étaient appelés à voter au sein de ces communautés ou sous ces patronages

traditionnels, était d'ordre local ou privé ·
la loi générale ne s'en était occupée qu'une
fois, en 1429, et seulement pour les comtés. L'électeur n'avait pas proprement un
droit politique, mais plutôt une sorte de
droit civil, quelque chose comme une part
d'intérêt dans l'exercice, souvent lucratif,
du droit politique. Désormais, ce droit
ne peut plus prendre son assiette sur les
vieilles corporations ; on les a trop de fois
remaniées, morcelées ; on ne s'est pas fait
scrupule d'en priver quelques-unes de leur
franchise qu'on a transportée à d'autres et
nouvelles unités corporatives ; comment
fonder la souveraineté sur cette base changeante ? Il faut descendre plus bas et l'asseoir définitivement sur l'individu, seul
être résistant et immuable dans cette ruine
ou cette refonte incessante des personna-
lités collectives. C'est l'individu qui est
désormais le vrai titulaire de la franchise
électorale ; on le voit bien à la peine que

prend maintenant le législateur pour assurer la liberté et la moralité du vote. En
outre, on peut aisément prévoir que tout
ce mouvement aura pour terme inévitable
le suffrage universel.

Les grandes révolutions sont des révolutions dans les idées : je ne vois pas
en Angleterre, au cours de ce siècle, de
transformation plus décisive que ce passage de l'individu au premier plan de la
scène politique[1], tandis que les anciennes
personnes morales où il était englobé
naguère se dissipent comme des ombres
derrière cette unique figure en vif relief.
L'individu s'est trouvé ainsi seul debout
en face de l'État, et on a vu commencer
le grand et épineux procès dont M. Her-
bert Spencer a dressé le dossier dans *Man
versus state*. L'Angleterre est aujourd'hui

---

[1] L'Anglais avait eu, de très bonne heure, une existence
individuelle comme justiciable; il n'y a pas plus de cinquante ans qu'il en a une comme citoyen et qu'il compte
comme un membre distinct du corps politique.

aux prises avec ce délicat problème qui ne comptait point parmi les questions politiques, ou du moins ne se posait pas dans ces termes il y a soixante ans.

C'est en 1867 que commence véritablement la grande transformation que la loi de 1884 ne fera que précipiter. En moins de trente années, on voit paraître et s'accentuer, dans la constitution, dans les lois et les mœurs politiques, tous les traits caractéristiques auxquels on reconnaît l'État moderne, tel que l'ont transfiguré la démocratie, le progrès des sciences positives, le développement des voies de communication; ce sont : la souveraineté populaire et l'unité du pouvoir, l'omnipotence de la majorité avec une tendance au mandat impératif, un grand besoin de justice et de progrès, un moindre besoin de liberté, une extrême activité législative et administrative, un commencement de centralisation et même de socialisme d'État,

sous des formes, d'ailleurs, toutes britanniques. Reprenons brièvement chacun de
ces points.

Dans l'ordre du droit public, le résultat
le plus frappant de cette évolution d'un
tiers de siècle c'est que la Chambre des
communes, déjà constituée naguère en
autorité prépondérante, tend à devenir
le siège unique de la puissance, et que les
autres pouvoirs perdent de plus en plus
l'habitude de lui résister, parce qu'ils ne
se sentent plus soutenus par l'opinion.

Le public les considère comme de simples ornements de la constitution ; il y
tient comme un particulier à de vieux
meubles de famille, légèrement incom-
modes, mais de grand style et de grand
effet ; il les conserve volontiers, à la condition qu'ils n'encombrent point le passage et ne gênent pas les mouvements du
pouvoir vivant et actif. Plus la branche
élective représente complètement et fidèle-

ment la nation, plus l'Angleterre s'éloigne en fait de cette théorie du gouvernement mixte et tempéré dont certains publicistes continuent à la croire le plus parfait modèle. Non seulement il n'y a plus ici une sorte de balance entre deux assemblées, entre le Parlement et un roi conseillé par ses ministres, mais il y a une concentration extrême de toute l'autorité effective dans une seule assemblée dont le ministère n'est qu'une délégation. La souveraineté du peuple et l'unité du pouvoir sont deux principes qui, pour n'avoir pas été mis en formule et pour être encore voilés au contraire par les formes du droit public anglais, n'en sont pas moins désormais le fond et la substance de la constitution britannique.

L'organe naturel de la souveraineté nationale est la majorité populaire. C'est une des fictions fondamentales sur lesquelles repose la doctrine démocratique que l'opinion de cette majorité doit être traitée

comme si elle avait réuni l'unanimité,
qu'elle doit non seulement avoir le dernier
mot, mais être obéie sans retard et sans
discussion dès qu'elle est connue. Ce principe, contredit par toute la loi de 1832,
avait déjà prévalu, sauf une restriction
presque insignifiante, dans la loi de 1867 ;
cette loi avait seulement mis à part un
petit nombre de collèges où elle assurait
par le mode de votation une représentation à la minorité. Cette exception, si
humble qu'elle fût, n'a pas trouvé grâce
devant le législateur de 1884 ; elle n'a
servi qu'à rendre plus catégorique et plus
passionnée, à cette date, l'affirmation de
la doctrine opposée, plus éclatant et plus
significatif le triomphe final du droit des
majorités. La représentation des mino-
rités a disparu, sauf une seule exception,
du régime électoral anglais [1]. La loi du

<hr>

[1] Cette exception est celle des school boards; ils sont
élus au vote cumulatif. Ce fait s'explique par la date où

nombre se heurte encore dans l'application à quelques débris du passé; elle ne rencontre plus aucune résistance doctrinale.

L'action du même principe se trahit dans l'évolution de la procédure parlementaire. Cette procédure était autrefois organisée en faveur de la minorité et à l'avantage des membres individuels. Elle l'est maintenant à l'avantage de la majorité et en faveur du gouvernement qui représente cette majorité. L'expédient de la *clôture*, adopté en 1882, n'est que le trait le plus saillant d'un système qui va se complétant et où tout concourt à faire prévaloir rapidement la volonté du plus grand nombre.

Non moins considérable est un troisième changement qui s'est accusé surtout depuis

ils ont été organisés (1870). Il est plus que probable que ce mode de votation ne serait pas adopté si la loi était à faire, et qu'il ne sera pas maintenu si elle vient jamais à être amendée.

une vingtaine d'années. De plus en plus
les membres de ce Parlement cessent d'être
des représentants qu'on laisse libres de
voter selon leur meilleur jugement et tendent à devenir de simples délégués qui ont
charge de voter comme il plaît, en chaque
circonstance, à leurs commettants. Deux
grandes associations politiques, l'une con-
servatrice, l'autre libérale, fondées, l'une
en 1867, l'autre dix ans après, se sont
emparées du droit de rédiger le programme
du parti, de désigner des candidats dans
chaque circonscription, et elles n'ont pas
tardé à élever la prétention de dicter à ces
candidats, une fois nommés, la conduite à
tenir dans la Chambre à propos de chaque
question importante. Burke s'élevait avec
une émotion grave, en 1774, contre les
exigences indiscrètes des électeurs d'un
seul collège. Quelles expressions jugerait-
il aujourd'hui assez fortes pour condam-
ner les injonctions impératives que le con-

seil central de la « National liberal Fede-
ration » adresse en forme de circulaire aux
« caucuses » locaux, qui les transmettent
docilement aux membres parlementaires
du parti, non moins dociles, à leur tour,
à ces avertissements souverains? Ce procédé a été employé en 1883 à l'occasion
d'un débat sur la clôture. Si les pratiques
inaugurées par la « National liberal Fede-
ration » doivent s'accréditer définitivement
en Angleterre, il en résultera un singulier
abaissement du ton moral dans l'assemblée
réputée souveraine ; la puissance effective
passera à une autorité choisie en dehors
des formes et des garanties que la loi a
essayé de réaliser dans les élections parlementaires ; c'est cette autorité irrespon-
sable qui se substituera à la vraie représentation du pays. Singulier retour! La
position constitutionnelle de ces comités
dirigeants reproduira exactement celle de
ce petit groupe de grands seigneurs, pro-

priétaires de bourgs de poche, qui, avant
1832, remplissaient la Chambre des communes de leurs créatures votant *ad nutum*.

La situation est d'autant plus grave en
Angleterre, que les ouvriers ont toujours
montré peu d'entrain à se faire ouvrir les
portes du Parlement et à s'y faire représenter par des individus de leur classe[1].
Leur tiédeur à l'endroit des questions de
réforme électorale a de quoi étonner un
observateur français. Il ne faut pas se laisser prendre au programme hyperdémocra-
tique du chartisme, qui occupa la scène à
plusieurs reprises, pendant les deux dé-
cades de 1830 à 1850. La charte du peuple n'était nullement l'expression d'une
conviction profonde et d'une politique
suivie des classes inférieures. L'agitation
qu'elle souleva était contingente et super-

---

[1] Dans les deux derniers parlements, le nombre des
ouvriers membres de la Chambre des communes est respectivement de onze et de treize

ficielle ; elle s'éteignit brusquement après une dernière et vaine démonstration. La faible partie du peuple qui, pendant une période de détresse, avait ouvert l'oreille aux paroles des meneurs chartistes et s'était laissé entraîner à leur suite dans le mouvement, n'eut pas grand effort à faire pour s'en dégager ; elle rejoignit immédiatement le gros de sa classe sur le terrain économique. A partir de 1850, on voit les ouvriers s'organiser fortement dans leurs « trade unions » ; ils travaillent à les faire reconnaître en fait par les patrons, en droit par la loi statutaire. Ce dernier résultat sera atteint par les lois de 1871 et de 1876. Cette grande tâche les absorbe, et ils ne s'en laissent pas volontiers distraire par la politique ; ils font peu d'attention au bill de 1867 ; ils n'en font guère davantage au bill de 1884, qui d'ailleurs intéresse surtout les travailleurs agricoles. Rien n'est plus caractéristique

que le parti pris d'indifférence des classes laborieuses à l'égard des deux grands actes de réforme destinés à leur ouvrir l'accès du pouvoir. Le législateur n'attend pas qu'elles le sollicitent avec passion ; il attendrait sans doute en vain ; il prend, de son chef, l'initiative de les appeler au partage du pouvoir. Sa thèse est que, lorsqu'une classe est devenue respectable et « compétente », lorsqu'elle s'est défaite de ses anciennes habitudes de violence et qu'elle a donné des gages à l'esprit de légalité, la communauté ne peut que gagner à l'associer aux responsabilités du gouvernement et à l'œuvre de la législation. C'est en substance le langage de M. Gladstone en 1884. Je n'y trouve aucun indice d'une pression exercée du dehors sur le Parlement.

Cette abstention a eu certains avantages ; elle a protégé le Parlement contre l'invasion de politiciens ouvriers inexpéri-

mentés et violents. L'évolution démocratique ne s'en est pas moins accomplie, mais
elle s'est faite par les mains de l'ancien
personnel politique, elle s'est faite sans
précipitation, avec la mesure et les ater-
moiements nécessaires. Peut-être, d'autre
part, l'indifférence que montrent les chefs
de la classe ouvrière à se pousser dans le
Parlement n'est-elle pas aujourd'hui sans
danger. Le fait qu'ils se tiennent à part
des hommes politiques, qu'ils restent entre
eux dans leurs propres assemblées, les
congrès des « trade unions », d'où ils jettent au gouvernement des appels toujours
entendus et souvent obéis, expose l'Angleterre à voir une partie de sa population se cantonner dans une législation de
classe, perdre le sens et le goût d'une législation vraiment large et nationale, et con-
tracter peu à peu des habitudes de domination hautaine et sans réplique. Le Parlement deviendrait alors comparable à une

ville ouverte, placée sous le canon d'un fort dont la garnison dédaignerait d'y descendre et y commanderait par la crainte. Ce serait pour les hommes d'État la pire des servitudes. Il ne faut donc pas redouter, il faut au contraire souhaiter que les ouvriers briguent désormais le mandat parlementaire et se mêlent plus ou moins aux autres et plus anciens éléments de la société politique.

La passion de légiférer est un des caractères de la démocratie; la foi dans la vertu des actes législatifs est un de ses préjugés les plus caractéristiques. La raison en est évidente. L'effet le plus clair des institutions démocratiques est de mettre le pouvoir dans la dépendance des déshérités et des faibles, c'est-à-dire de gens qui sont imparfaitement armés pour le combat de la vie et qui sont généralement mécontents de leur sort. Il est dans la force des choses que des hommes ainsi placés aient la tentation de faire intervenir la loi pour égaliser les conditions de la lutte et redresser les injustices de la fortune. Il n'est pas moins naturel qu'ils attendent de la loi beaucoup plus qu'elle ne pourra leur donner. Le champ de l'activité législative s'est donc notablement augmenté en Angleterre, à mesure que les institutions devenaient plus démocratiques et que le Parlement se laissait pénétrer davantage par les idées, les passions et les exigences de la classe la plus nombreuse.

La société moderne ne se contente pas de la loi ; celle-ci n'a pas par elle-même d'effets préventifs. On lui préfère, en bien des cas, l'autorité vivante, l'intervention rapide d'un agent qui surveille, autorise, ordonne, exécute au besoin, à la place des citoyens récalcitrants ou défaillants. Ces agents à leur tour ont besoin d'être dirigés, contrôlés, munis d'instructions qui doivent être conçues d'ensemble pour avoir tout leur effet utile. La démocratie ne peut mieux employer à cette besogne que l'État; le progrès démocratique va généralement de pair avec le développement de la bureaucratie. Ce principe s'est vérifié en Angleterre; le nombre et l'importance des départements ministériels institués depuis 1867 est considérable. Je citerai seulement le « local government board », le comité d'éducation, le ministère de l'agriculture, un grand nombre de commissions spéciales permanentes, dont plusieurs sont investies de pouvoirs assez arbitraires. Les budgets de tous ces grands services, sauf ceux qui se sont trouvés déchargés par un transfert à d'autres autorités, centrales ou locales, n'ont pas cessé de grossir. Le budget du comité d'éducation, pour me borner à un seul exemple, après s'être élevé graduellement jusqu'à 32,400,000 francs en 1873-1874, a passé rapidement à 73,400,000 francs en 1883-1884, à 150,750,000 francs en 1892-1893 et à 173,200,000 francs en 1895-1896. La bureaucratie locale s'est développée du même mouvement, et les lois de 1888 et de 1894 lui ouvrent une ample carrière. Ajoutez que, nulle part, la loi ne se fait moins scrupule de conférer aux fonctionnaires publics des pouvoirs discrétionnaires. L'Anglais, en présence d'une fin pratique à atteindre, est surtout préoccupé d'assurer l'efficacité des moyens qu'il emploie; il prend volontiers son parti de quelques abus si c'est la condition pour aller plus sûrement et plus largement au but [1].

[1] Cette disposition s'est particulièrement manifestée dans la série des lois sur l'hygiène publique. L'Angleterre peut, d'ailleurs, affronter avec plus de sécurité que nous les risques de ces excès de pouvoir. Ils sont efficacement prévenus et largement atténués par deux caractères de son système administratif. Le gouvernement anglais n'entretient pas, comme nous, une hiérarchie de fonctionnaires permanents, imbus d'un puissant esprit de corps, et qui rendent l'autorité supérieure constamment présente. Il n'est guère représenté, dans les localités, que

Il serait trop long de passer en revue toute la série des lois votées après 1867. Il suffira d'en marquer les principaux et les plus durables résultats. En matière religieuse, la sécularisation des fonctions a été complétée, tous les « tests » ont été abrogés. Nul candidat à un office ou à un mandat public n'est aujourd'hui disqualifié par sa croyance ou par l'absence de toute croyance. Ce que la période la plus récente a introduit de nouveau, c'est une dénonciation du pacte d'alliance et de caution réciproque entre l'Église et l'État. L'Église prend de jour en jour davantage les apparences et l'esprit d'une grande institution privée; ce qu'elle garde encore des caractères et des privilèges d'une in-

par des inspecteurs qui viennent et passent. En outre, aucun des dépositaires de la puissance publique ne jouit d'un for spécial et privilégié pour ses actes administratifs. Tous sont justiciables, pour tous leurs actes, des tribunaux ordinaires. Il faut toujours garder en vue ces deux points lorsqu'on essaye de porter un jugement sur les progrès de la bureaucratie anglaise moderne.

stitution d'État ne tardera sans doute pas longtemps à disparaître.

Le mouvement de sécularisation, descendant de la Chambre des lords où il avait rétréci et ébranlé le banc des évêques, s'est finalement propagé jusque dans les paroisses, où il a laïcisé l'Assistance publique. Il a ainsi ruiné, pour sa part, l'antique système de gouvernement local, symbolisé par la locution : « the squire and the parson » ; les autres dispositions de la loi de 1894 ont fait le reste.

Un des signes les plus marqués du progrès démocratique est le souci qu'a eu le législateur de l'éducation populaire. « Hâtons-nous d'instruire nos maîtres », s'écriait M. Lowe après le vote de la loi de 1867 qu'il avait combattue. On avait commencé avant cette date à s'occuper d'éducation élémentaire, mais sans songer à mettre en question le système qui plaçait les écoles sous le contrôle presque exclusif de deux grandes associations religieuses. Dès 1870, l'État a pris en grande partie la responsabilité et la charge de ce grand service public, il a laïcisé largement l'instruction élémentaire, et des lois subséquentes y font prévaloir graduellement l'obligation et la gratuité. Le même caractère démocratique s'accuse particulièrement dans les lois fiscales. Le pain avait été affranchi en 1846. L'un après l'autre sont tombés tous les autres droits de douane et presque toutes les taxes intérieures qui grevaient les objets de première nécessité. L'impôt de consommation ne frappe guère plus que les vices, ou, si l'on veut, le luxe des classes inférieures : c'est l'alcool et le tabac qui en supportent principalement le poids [1].

[1] Sir Michael Hicks Beach, dans l'exposé financier qu'il a présenté ces jours derniers (mai 1897) à la chambre des communes, résume en deux chiffres le changement accompli : les droits sur les objets de consommation, qui formaient 71 pour 100 du total des recettes publiques en 1836-37, n'en représentent plus que 44 pour 100 en 1896.

D'autre part, l'impôt dégressif a fait son apparition avec le nouvel *income tax*, et voici que l'impôt progressif entre en scène à son tour avec l'*estate duty* de 1894.

Mais les lois les plus caractéristiques de la période visée procèdent de l'idée que le jeu naturel de la liberté n'est pas nécessairement bienfaisant, comme on le croyait naguère, et qu'il produit même quelquefois de très grands maux. Les économistes contemporains de l'acte de réforme ne prenaient souci que des moyens d'augmenter la production ; c'est à la liberté, pensaient-ils, à régler la répartition ; elle s'en acquittera mieux qu'aucune loi. Aujourd'hui, au contraire, ce sont les problèmes de répartition qui occupent presque constamment l'esprit public, et le législateur est de plus en plus sollicité d'y intervenir. Les trente dernières années ont vu se multiplier les statuts destinés à procurer à une certaine classe des avantages ou des

jouissances payées par l'ensemble des contribuables; d'autres statuts, non moins
nombreux, ont pour objet de restreindre
sur différents points la liberté des conventions, suspecte de prêter à la violence et
d'engendrer l'oppression, lorsque les
parties au contrat sont inégalement
armées. D'autres lois, plus dangereuses
peut-être, s'attaquent aux résultats acquis,
aux produits en quelque sorte à intérêts
composés de longs siècles de privilège.
Elles se proposent de les corriger dans le
sens d'une plus grande égalité. Elles
prêtent ainsi les mains au socialisme et
l'encouragent dans sa prétention d'accomplir, par l'organe de l'État, un redresse-
ment des injustices naturelles, une
redistribution de la richesse. Nous en
retrouverons plus d'un exemple dans ce
qui va suivre.

Mais il faut considérer surtout ce qui,
dans cette rapide transformation, atteint

le plus profondément la hiérarchie des classes, et particulièrement la situation économique, politique, administrative, morale et sociale de la *gentry*, naguère l'une des deux grandes bases de l'ordre public, l'un des deux grands moteurs de la vie nationale en Angleterre. Et ce n'est pas seulement la succession des lois, c'est aussi l'évolution des idées et des mœurs qui doit attirer notre attention.

Je reprends la série des principaux statuts qui ont, par un progrès lent et sûr, désarmé, affaibli, dépossédé la classe prépondérante. Un à un tombent ces privilèges; d'abord, les privilèges politiques. On a vu que les trois grandes lois électorales privent successivement de la franchise les localités les moins peuplées qui subissaient l'influence de la gentry rurale; elles morcellent le comté et brisent ainsi le cadre naturel des grandes situations aristocratiques. L'influence de ces grandes

situations est atteinte profondément par le
« ballot act », celle de la richesse par la loi
contre la corruption. En 1838 s'atténue
le caractère exclusif du cens d'éligibilité,
jusque-là fondé sur la propriété de la terre.
En 1858 ce cens disparaît entièrement.

Les privilèges économiques sont em-
portés d'un seul coup en 1846. Les droits
élevés qui grevaient à l'entrée les céréales
étrangères sont supprimés, et avec eux
tombent les prix de monopole garantis aux
produits des grands domaines. Les immunités et les faveurs fiscales accordées à la
partie foncière des héritages avaient été légèrement entamées en 1853 ; depuis 1894,
les droits de succession pèsent presque
aussi lourdement sur les immeubles que
sur les biens mobiliers.

Mais c'est autour des privilèges civils
et des pouvoirs administratifs que le combat est engagé avec le plus de vivacité et
que la victoire aura les conséquences les

plus graves. La gentry s'est appliquée, pendant tout le dix-huitième siècle, à faire de la possession du sol un monopole, en concentrant les domaines aux mains d'un petit nombre, une mainmorte, en l'immobilisant dans le patrimoine héréditaire des mêmes familles. Elle s'est mise dans un cas de « contradiction économique », en ôtant aux possesseurs grevés de substitution toute liberté et toute initiative et en faisant, d'autre part, à l'exploitant — presque partout un fermier à l'année — la condition la plus précaire et la plus incertaine, dans une œuvre qui comporte des entreprises et des spéculations à échéance reculée. Monopole, avec ce qu'il implique d'arbitraire et d'abus de pouvoir, mainmorte et contradiction économique avec ce qu'ils entraînent d'inertie, d'obstruction et de malaise dans un monde de liberté et de large circulation, tout, dans ce système, appelait et justifiait également l'intervention du législateur, gardien de l'intérêt public menacé.

Le législateur s'est d'abord préoccupé de faire disparaître ou d'atténuer les inconvénients économiques des substitutions. Une série de statuts a donné aux possesseurs viagers toute facilité pour recouvrer et exercer en fait les droits du plein propriétaire. Le privilège de primogéniture n'a pas été seulement attaqué par des publicistes irresponsables. En 1887, ce n'est pas moins que le lord chancelier d'un gouvernement conservateur qui avait pris l'initiative d'une mesure équivalant à l'abolition du droit d'aînesse *ab intestat* et à l'interdiction des settlements pour l'avenir.

Le système des *latifundia* a subi des assauts plus violents et a vu s'ouvrir de plus larges brèches. Napoléon disait, dans la discussion de la loi de 1810 sur les mines, qu'il ne souffrirait pas qu'un particulier frappât de stérilité vingt lieues de terre dans un département fromenteux, pour en former un parc. Notre conception moderne de l'État et de l'ordre public répugne à consacrer comme un droit la liberté que s'arrogerait un seul individu de diminuer grandement, pour les habitants de tout un district, les moyens de subsistance, de gêner leur liberté d'aller et de venir, etc. Diffamé en quelque sorte par la possibilité de si fâcheuses conséquences, le pouvoir absolu du propriétaire foncier sur sa chose a en outre cette cause de faiblesse : qu'étant le privilège d'un très petit nombre, le grand nombre n'a pas pu en avoir la sensation, en connaître l'attrait, en éprouver la valeur économique, et ne se voit pas d'intérêt à le défendre. Enfin, le péril est ici d'autant plus grave que, selon les jurisconsultes les plus écoutés, la notion romaine et française du droit de propriété, conçue comme la faculté d'user et d'abuser, est étrangère au droit commun anglais. Ce droit ne reconnaît en principe que des *tenures*, c'est-à-dire des concessions foncières conditionnelles. Cette propriété, d'un caractère tout relatif, est infiniment moins sûre d'elle-même et de sa légitimité que la nôtre; elle se défend plus mollement et de moins haut contre la raison d'État.

La série des dernières lois sur le régime foncier en Irlande fournit un exemple et des précédents qui pourraient bien être d'une contagion dangereuse. Personne n'est plus fermé que le paysan irlandais à l'idée d'un droit illimité d'une seule personne sur la terre; il est hanté par de vagues souvenirs de clan, de propriété collective; il n'entre pas dans son esprit que son droit procède du consentement de son « landlord »; il estime que les deux droits sont égaux et que le sien est même mieux fondé et plus respectable. Aussi est-ce en vain que le législateur anglais a tenté de faire accepter à l'Irlande la notion d'un propriétaire maître absolu de son domaine, et le louant à des conditions librement débattues qui deviennent la loi des parties; il a dû très vite revenir à la notion de deux droits égaux, juxtaposés sur la même terre, aliénables séparément et dont les conflits ne peuvent être tranchés que par un tiers arbitre. Ce tiers arbitre est une commission judiciaire et administrative investie d'un pouvoir quasi discrétionnaire! Au système de la « dual ownership », de la tenure parlementaire et de la rente établie par jugement, le législateur anglais a joint une gigantesque entreprise foncière et financière dont le but est de faire passer aux fermiers les domaines qu'ils exploitent. L'État a commencé par faire aux acquéreurs l'avance d'une partie du prix; il fait maintenant l'avance de la totalité. Ce

n'est pas moins qu'une tentative d'expropriation amiable de la gentry rurale,
organisée par la loi, accomplie avec l'aide
du crédit public. On comprend sans peine
que la notion de propriété doive sortir
très obscurcie et très ébranlée de pareilles
expériences.

En Écosse, les actes sur les *Crofters*
nous font voir le législateur portant des
atteintes non moins graves au droit de
propriété. Il est remarquable que dans ce
débat, comme dans les discussions sur
l'Irlande, on n'a guère fait intervenir la
notion abstraite de droit; on n'a insisté
des deux côtés que sur des arguments
purement utilitaires, sur des raisons contingentes; on a surtout invoqué l'état
économique et moral de la région, l'intérêt du moment, l'*expediency*. A cet
égard, conservateurs et libéraux ont tenu
le même langage.

Il est assez naturel que de si éclatants et

de si prochains exemples aient éveillé, dans l'Angleterre même, les convoitises et les espérances des fermiers et les aient encouragés à croire qu'ils avaient, eux aussi, un droit sur la terre fécondée par leur travail et par leurs capitaux. La transformation des *copyholds* en *freeholds* par le rachat des droits manoriaux était déjà pour eux un précédent singulièrement suggestif. En tout cas, les propriétaires anglais ne se sont pas trouvés mieux préparés à une résistance de principe quand il a été question de protéger l'exploitant contre les dégâts occasionnés par le gibier, ni lorsqu'on s'est préoccupé de lui assurer une compensation pour les améliorations durables dont il a fait les frais. Là aussi, une atteinte évidente a été portée à la liberté des conventions. Il y a maintenant des droits auxquels le fermier ne peut pas renoncer par contrat ; il y a des améliorations qu'il peut faire contre le gré du propriétaire, sans perdre son titre à une indemnité à régler par arbitres. Encore faut-il ajouter qu'à entendre les plaintes de la classe qui a bénéficié de la loi, à lire les propositions des publicistes, l'acte des *tenures* agricoles n'est qu'une introduction timide à des mesures plus radicales. On ne cache pas le dessein de réduire le propriétaire à la condition de simple créancier d'une rente foncière, et l'on appelle le jour où, sous les yeux de ce spectateur impuissant, les tenanciers cultiveront son domaine à leur mode et se le transmettront de main en main.

Ce n'est pas, du reste, la seule menace qui pèse sur la propriété terrienne.

Il y a près de quinze ans, des personnages politiques considérables, tant conservateurs que libéraux, avaient émis le vœu que des parcelles de terre, propres à la culture, fussent mises à la disposition des ouvriers dans les banlieues suburbaines. Ce vœu a été accueilli par le législateur et a fourni, en 1887, le principe d'une mesure qui a été étendue aux campagnes. Il appartient aujourd'hui à tout conseil de paroisse d'obliger, avec l'assentiment du conseil de comté, les propriétaires de sa circonscription à lui louer des terres qu'il divise en petits lots (*allotments*) et sous-loue à des travailleurs urbains ou ruraux. Il appartient à tout conseil de district de provoquer, sur l'initiative du conseil de paroisse, une ordonnance d'expropriation du conseil de comté et d'acquérir ainsi de force des terrains qu'il donne à bail après les avoir pareillement allotis. Une disposition de plus grande conséquence encore a été prise en 1892. Les conseils de comté ont été autorisés à acquérir à l'amiable des domaines qu'ils divisent en petites ou moyennes exploitations, n'excédant pas cinquante acres. Ces exploitations, qui correspondent par

leur étendue à tous les degrés de la condition du paysan propriétaire, sont destinées, dans la pensée du législateur, à
reconstituer cette classe des *yeomen* que
la politique oligarchique du dix-huitième
siècle a fait disparaître. Des termes exceptionnellement favorables peuvent être ac-
cordés à l'acquéreur pour sa libération. Le
conseil peut aussi faire l'avance des quatre
cinquièmes du prix d'achat aux tenanciers
qui trouvent l'occasion d'acquérir les domaines qu'ils exploitent. Le gouvernement prête, au besoin, les sommes nécessaires. A la vérité, le législateur s'est
gardé, au moins pour le présent, contre
l'abus qu'on pouvait le plus appréhender ;
il exige que toutes ces opérations se fas-
sent à des prix ou à des taux d'intérêt
suffisants pour couvrir toutes les dépenses. En outre, il a prescrit des formalités minutieuses, établi toute une hiérarchie de contrôle qui remonte du conseil

de district au conseil de comté, et, de là, au *local government Board* ou même au Parlement. Toutefois, il est à craindre que ces freins supérieurs ne résistent guère à la pression des trois assemblées locales, lorsque celles-ci se trouveront d'accord. Ces assemblées sont élues, dès à présent, à un suffrage assez voisin du suffrage universel, et qui ne peut que s'en rapprocher. C'est, en définitive, à des gens dont la majorité ne possèdent pas la terre qu'a été conféré un droit d'expropriation contre ceux qui la possèdent. Les conseils locaux ne tarderont sans doute pas à rechercher une extension de leurs pouvoirs; ils y seront poussés par leurs commettants, et le législateur lui-même les y engage. L'acte de 1892, notamment, contient l'aveu implicite, mais très net, que le régime actuel de la propriété foncière est abusif, contraire à l'intérêt public, que l'œuvre économique du dix-huitième siècle a, tout au moins,

dépassé le but, et qu'une refonte est nécessaire. Il est trop clair que ce *meâ culpâ*
sera entendu, et cette suggestion pourrait
bien, un jour, servir de mot d'ordre à des
réformateurs plus impatients que le législateur actuel, plus disposés à poursuivre
leurs fins par des voies radicales.

Le mouvement des idées est, comme il
est naturel, en avance sur le mouvement
des lois. Dès 1885, les programmes de la
« Land reform Union » et de la « Scotch
land restoration League » en faisaient foi.
On s'y préoccupait de restituer à l'usage
public les parties des communaux qui
avaient été occupées indûment, et l'on ne
se faisait pas scrupule de reculer, pour
frapper plus sûrement les usurpateurs, les
limites de la prescription. Il y a dix ans,
on s'appliquait surtout à démontrer que la
plus grande partie des plus-values du sol
appartient légitimement à la communauté,
non aux propriétaires ; la formule extrême

où tendent toutes ces suggestions est la nationalisation du sol. C'est à quoi aboutissent les livres de Henry George et le pamphlet de M. Wallace ; on n'a pas oublié le retentissement qu'ils ont eu en Angleterre et l'écho qu'ils ont éveillé en leur temps dans des couches sociales réputées conservatrices, notamment parmi les clergymen. Le régime britannique des *latifundia* a ouvert l'accès et préparé la pente pour toute une série de lois agraires.

Plus récemment, la ligne d'attaque s'est étendue ; elle menace toutes les formes de la richesse accumulée. C'est le collectivisme et le socialisme qui mènent présentement le combat ; ils prétendent ramener dans le domaine de l'État tous les capitaux, tous les instruments de travail ; la terre est du nombre, et la propriété foncière a sa large part de péril dans cette agression nouvelle. Ce n'est pas qu'il faille attacher une signification menaçante aux vœux pour la nationalisation du sol proposés et votés dans plusieurs congrès des *trade unions*. La question n'intéresse pas directement les ouvriers industriels, et ce n'est là qu'une clause de style en quelque sorte, qui a pris cependant un peu plus de gravité en 1894, quand les mots « instrument de production, de distribution et d'échange » ont été ajoutés dans la phrase au mot « land ». Cette formule est aussi celle d'une association extrêmement active, la « Fabian Society », d'autant plus dangereuse à l'ordre social actuel qu'elle emploie, pour le détruire, des moyens légaux, lents et sûrs. Le but de la « Fabian Society » est de transformer la nation anglaise en une immense société de coopération. Il faut que les travailleurs soient les maîtres et qu'ils aient tout le fruit de leur travail. Les moyens sont une série de mesures qui conféreraient le droit de suffrage aux indigents, assureraient un salaire aux membres de la Chambre des communes, établiraient l'impôt progressif, confisqueraient toute plus-value ne résultant pas de l'industrie du propriétaire, soumettraient les successions à une taxe graduellement croissante. On se procurerait ainsi des ressources qui serviraient à municipaliser le plus d'industries possible.

Il est assurément significatif que la plus grave de ces propositions, celle de reconnaître au législateur un droit de taxation illimité sur les successions, ait trouvé un chancelier de l'Échiquier pour en faire la théorie à la Chambre des communes, qui ne s'en est pas outre mesure troublée ou scandalisée. En 1894, sir William Harcourt, en proposant le nouvel « estate duty », a soutenu que la faculté pour un particulier de transmettre ses biens après sa mort est une faveur de la loi, et que l'État a le droit absolu de se faire sa part dans toutes les successions avant que l'héritier soit appelé à en rien recueillir. Hâtons-nous de faire remarquer que de telles déclarations sont de moindre conséquence en Angleterre qu'elles ne le seraient dans notre pays. Un Français ne peut entendre énoncer un principe sans voir se dérouler toute une série de corollaires logiques dont parfois il s'effraye et qu'il sent le besoin d'arrêter au point de départ. Les Anglais s'alarment moins facilement, parce qu'ils se savent plus capables que nous de se retenir sur la pente d'une déduction abstraite et de régler leurs résolutions sur l'intérêt de chaque moment.

La *gentry* n'a pas été atteinte moins profondément dans ses pouvoirs administratifs que dans son assiette foncière.

Il faut d'abord mettre à part les bourgs incorporés. La loi de 1835 en avait reconnu **178**; il y en a aujourd'hui **314**, et, de ce nombre, toutes les grandes villes d'Angleterre. Ils comptent près de 15 millions d'habitants, un peu moins de 52 pour 100 de la population du royaume. Tous ces bourgs avaient, de bonne heure, été soustraits, pour une partie de leurs services administratifs, à l'autorité des *justices of peace;* ces services, qu'ils géraient par leur conseil de ville ou par des commissions locales, allèrent se multipliant. Les lois de 1875 et de 1882, généralisant et consolidant les dispositions d'un grand nombre d'actes publics et d'actes spéciaux, ont concentré entre les mains des autorités municipales tous les objets fondamentaux d'une administration urbaine : édilité, voirie, hygiène publique, toutes les formes de la police, y compris, notamment, la police des mœurs. Enfin, la loi de 1888 a confirmé toutes les villes de quelque importance dans leur indépendance à peu près complète à l'égard des autorités de comté, qui, d'ailleurs, à partir de cette date, ne sont plus les *justices of peace*, mais des conseils élus. Il y a même une soixantaine de grands centres qui ont reçu le nom significatif de bourgs-comtés; on indique par là qu'ils sont comme des comtés distincts, et qu'ils n'ont plus rien de commun administrativement avec l'antique circonscription dont ils font géographiquement partie. Les bourgs-comtés comprennent, à eux seuls, plus de 40 pour 100 de la population totale. Il restait aux magistrats leurs pouvoirs judiciaires. Les lois énumérées plus haut n'y ont pas touché; mais beaucoup de villes se sont partiellement affranchies de cette juridiction, en obtenant une commission de paix séparée. Bien plus, il y en a actuellement 113, c'est-à-dire plus d'un tiers, et, dans ce nombre, toutes les grandes agglomérations, qui n'en relèvent plus à aucun degré. Elles se sont fait octroyer une cour séparée de sessions tri-

mestrielles et sont pourvues d'un magis-
trat spécial, le *recorder,* que sa commission subroge à toutes les attributions
judiciaires des *quarter sessions.*

Les bourgs incorporés forment ainsi,
dans le pays, autant d'ilots administratifs
distincts où les anciennes influences ne se
font pas sentir. Ils n'ont de supérieur
administratif que le pouvoir central. Or,
ce pouvoir intervient bien par des lois et
des ordonnances abondamment et minu-
tieusement réglementaires; mais il n'entretient sur place aucune hiérarchie de
fonctionnaires permanents en position
d'entraver habituellement l'initiative des
conseils locaux ou d'y substituer régulièrement la leur. Le *town council* est
donc pratiquement le maître chez lui;
pour ne citer qu'un exemple de son autonomie, je rappellerai que c'est lui qui
organise et dirige sa propre police. Issu
d'un corps électoral qui comprend tous

les contribuables domiciliés et dont tous les membres sont éligibles, il est déjà très démocratique et le deviendra sans doute davantage. Il est composé d'hommes d'affaires laborieux, entreprenants ; aussi beaucoup de *town councils* se sont-ils montrés enclins à traiter comme des affaires les services municipaux et à les prendre en main pour en tirer des bénéfices au profit du trésor de ville. Si le socialisme doit avoir son jour et se faire sa part en Angleterre, il se pourrait bien que ce fût d'abord sous la forme d'un socialisme municipal très actif et très fructueux.

Une révolution parallèle s'est accomplie dans la partie rurale du territoire. Elle paraîtra d'autant plus profonde que là, il y a moins de dix ans, la situation légale et apparente des *justices of peace* dans les comtés était encore intacte. Jusqu'en 1888, les sessions trimestrielles étaient la grande autorité administrative du comté ; cette autorité fonctionnait à peu près sans contrôle. A la vérité elle ne gérait en fait que la moindre partie des affaires locales. Le chiffre de la taxe de comté, qui n'était plus guère que de 5 pour 100 des dépenses locales, donne la mesure de ce rapide déclin. Tous les services qui répondent aux besoins croissants et variés d'une société progressive avaient passé à différents *boards* spéciaux où plusieurs *magistrates* siégeaient en général comme membres de droit, mais dont tous les autres membres étaient électifs. Cette sanction répétée du principe représentatif ne pouvait manquer d'affaiblir à la longue l'autorité conférée d'en haut à la *magistracy*. La besogne administrative de ces *boards* se faisait par des spécialistes, techniciens, experts, personnel à peu près inconnu des *quarter sessions*. De plus, le gouvernement intervenait ici très activement; non seulement il faisait sentir sa main par une réglementation détaillée, mais il se manifestait à tout instant par le personnage affairé de l'inspecteur, qui, dans toutes les commissions, pouvait demander des comptes, correspondre avec le secrétaire en dehors des autorités locales, et seul avait qualité pour provoquer la destitution de leurs employés.

Dépaysés dans ce milieu si contraire à leurs habitudes d'administration négligente et paternelle, les grands propriétaires avaient peu de goût à s'y montrer ; ils se retiraient de plus en plus dans leurs *quarter sessions,* où ils étaient seuls, mais où le nouvel esprit administratif les suivait et leur faisait sentir leur insuffisance. La position, vivement attaquée, était mollement défendue. Personne ne croyait plus à la possibilité de la résistance. Les deux partis étaient implicitement d'accord sur la nécessité et les conditions générales d'une capitulation prochaine. Les deux lois qui l'ont sanctionnée, celle de 1888 et celle de 1894, ont toute la portée et auront toutes les conséquences d'une grande révolution politique et sociale.

Elles peuvent se résumer assez brièvement. Tous les pouvoirs d'ordre administratif exercés par les *justices of peace* dans les *quarter sessions* et dans les sessions spéciales, tous ceux qui étaient exercés, avec leur participation éventuelle, dans les *boards* spéciaux, passent à trois conseils qui sont entièrement électifs : le conseil de comté, le conseil de district, le conseil de paroisse. Plus de membres de droit ; le *magistrate* n'y siège que s'il est choisi par ses concitoyens. Plus de cens d'éligibilité ; tous les électeurs sont éligibles. Plus de suffrage plural ; chaque électeur n'a qu'un vote, et la franchise s'étend à peu près à tous les contribuables domiciliés. Le scrutin secret ajoute un dernier trait à cette organisation très nettement démocratique. Les *magistrates* ont donc cessé d'être les administrateurs du comté. Ils sont confinés dans leurs fonctions judiciaires ; ils n'ont plus d'administratif que le droit d'octroyer des licences aux cabaretiers et un certain contrôle sur la police de comté, organisée et dirigée par une commission mixte où ils siègent pour moitié.

On ne peut imaginer un renouvellement plus instantané et plus radical dans le personnel, un déplacement plus complet dans l'assiette du pouvoir, un changement plus profond dans l'esprit d'une institution politique. La seule précaution un peu efficace qu'on ait prise pour ménager la transition d'un système à l'autre a été de faciliter le maintien en charge, auprès du conseil de comté, de l'ancien *clerk of the peace* des sessions trimestrielles, dont il était le factotum éclairé et actif. Mais on ne peut douter que les autorités nouvelles ne s'écartent bientôt des traditions de la justice de paix et qu'elles n'usent de leurs pouvoirs dans un sens très différent, déterminé par l'intérêt, les passions et les préjugés de leurs nombreux commettants.

Ces pouvoirs sont considérables, et le législateur en a, en quelque sorte, prévu et encouragé le développement lorsqu'il a autorisé expressément, par le texte même de la loi, tous les départements ministériels à se dessaisir au profit du conseil de comté de toute fonction, obligation et responsabilité qu'ils jugeraient opportun de lui transférer. Dès à présent, les conseils ne se trouvent pas seulement subrogés aux anciennes attributions de la *magistracy*. Les deux grands statuts organiques et la loi de 1892 leur en ont conféré d'autres d'un caractère très nouveau et qui paraîtront d'une extrême gravité, si l'on réfléchit que l'abaissement ultérieur de la franchise électorale est chose inévitable.

Les électeurs actuels appartiennent encore à une classe qui n'abusera sans doute pas de son droit de taxation. Mais qu'adviendra-t-il si quelque jour les classes tout à fait voisines de la pauvreté, ou les pauvres eux-mêmes, comme le demande la « Fabian Society » , acquièrent le droit de vote? L'aumône pourrait bien devenir encore une fois le complément du salaire. Toutefois, cela est de peu d'importance auprès de certaines autres dispositions statutaires, notamment celles qui ont érigé virtuellement les conseils en redistributeurs de la propriété foncière. S'ils se prenaient au sérieux dans ce rôle et s'ils faisaient un usage immodéré de leurs pouvoirs, ou s'ils en réclamaient de nouveaux, on ne pourrait guère compter sur le *local government Board* ou sur le Parlement pour faire une longue résistance. L'Angleterre, cette fois comme toujours, s'est fiée à son esprit public dont elle a éprouvé

la saine vigueur, à la raison et à la modération qu'elle a toujours rencontrées dans
ses classes ascendantes, à la rapidité et à
la netteté de décision dont ses classes supérieures ont constamment fait preuve dans
l'acceptation de l'inévitable.

La gentry a présidé pendant des siècles
aux destinées de l'Angleterre. Législation,
gouvernement, administration locale, politique extérieure, toutes les formes de la
vie publique portent profondément son
empreinte. Instrument de la royauté sous
les Tudors, utile à son rang et vraiment
patriote, elle a tenté, après la chute définitive des Stuarts, la périlleuse aventure du
pouvoir absolu. Déjà, elle avait assujetti
et spolié l'Église, dépossédé une dynastie,
humilié la couronne. Elle a essayé de
ramener à la fin le peuple tout entier sous
sa main ; elle s'est emparée de tout le sol
du royaume, elle a détruit le self-government des paroisses, conquis le droit d'in-

vestiture pour toutes les fonctions locales, étendu presque sans limites sa propre juridiction dans les comtés, énervé le contrôle supérieur de l'État, asservi le corps électoral, occupé les deux Chambres du Parlement, fermé enfin aux autres classes toutes les avenues de la puissance publique. Et le moment où elle cherchait à emprisonner la nation anglaise dans cette geôle était celui où, à l'ancienne Angleterre, se juxtaposait comme un pays nouveau, ouvert sur le dehors, ensemencé d'idées nouvelles, parcouru en tout sens par un vent de liberté et de progrès. L'entreprise a finalement échoué. Le monde nouveau a rejeté ses dominateurs, les a poursuivis sur leur propre territoire. Depuis 1832, le mouvement ne s'est pas arrêté. Les classes inférieures, petits bourgeois, ouvriers des villes, manouvriers agricoles, ont pénétré par la brèche à la suite des grands industriels. Le « pays légal » est à la veille d'embrasser toute la population adulte mâle.

Au reste, l'effet particulier de la révolution aristocratique du dix-huitième siècle n'est pas tant d'avoir déchaîné la démocratie, — celle-ci aurait dans tous les cas eu son jour, — c'est d'avoir ébranlé ou obscurci la notion de la propriété; elle a ainsi éveillé plus vivement qu'ailleurs les prétentions du radicalisme agraire et les chimères d'un certain socialisme. Ces prétentions et ces chimères sont une réponse aux entreprises intempérantes de l'oligarchie terrienne du dix-huitième siècle et à l'établissement antiéconomique qu'elle a essayé alors de fonder ou de compléter. Un tel excès dans un sens ne pouvait manquer d'en déterminer un autre dans le sens opposé; les revendications politiques et sociales de notre temps trouvent dans cette réaction un appoint considérable de force, d'ardeur, de foi en la justice de leur cause. Quoi qu'il en soit, le jour où la reconstruction de l'organisation administrative dans les comtés se complétera par une reconstitution parallèle et peut-être une redistribution de la propriété foncière, la vieille Angleterre aura pour ainsi dire changé d'âme : l'âme d'autrefois s'évanouira par la dissolution du corps sain et vigoureux qui lui prêtait ses organes. Il ne restera plus de la gentry qu'un nom et le souvenir d'une large et généreuse activité qui a servi en son temps à la grandeur du pays. L'argile britannique, jetée dans le moule de la démocratie, en sortira transformée; c'est un souffle, toujours puissant et hardi, mais entièrement nouveau, qui animera l'antique statue.

TABLE DES MATIÈRES

PREMIÈRE PARTIE

L'ANGLETERRE DU ONZIÈME AU SEIZIÈME SIÈCLE.

AVANT-PROPOS......... 1

I. — La monarchie administrative et les grands
vassaux.......................... 13

II. — Les classes. — Le haut baronnage et la
pairie...... 61

III. — Les chevaliers et les bourgeois. — Ruine
du régime féodal................... 74

IV. — Le self-government local et les propriétaires libres. — Le Parlement........ 100

V. — Les Tudors. — Extinction de la noblesse
féodale. — Chute de l'Église romaine.
— L'Angleterre moderne............ 121

DEUXIÈME PARTIE

L'ANGLETERRE AU SEIZIÈME ET AU DIX-SEPTIÈME SIÈCLE.

I. — Vue générale du sujet. — Les trois révolutions 153

II. — La colonisation, le commerce et l'industrie
avant le dix-huitième siècle.......... 167

III. — La gentry.................... 182

IV. — Les yeomen.................. 202

V. — Les travailleurs agricoles.............. 214

TROISIÈME PARTIE

LA RÉVOLUTION INDUSTRIELLE ET AGRAIRE
ET LE GOUVERNEMENT OLIGARCHIQUE AU DIX-HUITIÈME SIÈCLE.

I. — Les *latifundia*. — Disparition des yeomen.   226
II. — Les priviléges civils, fiscaux, économiques.   246
III. — Les priviléges politiques et sociaux. — Le régime oligarchique.   259
IV. — L'oligarchie et le régime parlementaire. . .   285
V. — La grande industrie. — Les deux nations.   297
VI. — La manufacture et le manoir.   322
VII. — L'évolution démocratique, la législation agraire et la réforme administrative. — Conclusion.   333

172-30. — Saint-Germain-lès-Corboil. — Imp. Willaume.